W0061541

ISBN 978-3-649-64257-2

© 2022 Coppenrath Verlag GmbH & Co. KG,
Hafenweg 30, 48155 Münster, Germany
Grafische Gestaltung: Thomas Wolters, Internetlitho
Redaktion: Kai König

Printed in Slovakia

www.coppenrath.de

Maria,
das hat er nicht von mir!

Mit Illustrationen
von Thorsten Saleina

COPPENRATH

Inhalt

Weihnachtszeit

Piet Weber

1. ADVENT

Ich wusste gar nicht, dass 1. Advent ist. Klar, es ist Sonntag, und damit stehen die Chancen 4 zu 52, dass es ein Adventssonntag ist. Aber 4 zu 52 bedeutet nichts anderes als 1 zu 13. Da finde ich es durchaus legitim, erst einmal davon auszugehen, dass nicht Advent ist. Wenn mir jemand sagt, dass meine Chancen bei 1 zu 13 stehen, dass ich den nächsten Sommer noch erlebe, würde ich mir jedenfalls keine neue Badehose mehr kaufen.

Für mich ist die Adventszeit immer ein Schlag ins Gesicht. Ich habe Mitte November Geburtstag. Das bedeutet, dass es an diesem einen Tag, völlig zu Recht, ein großes Hurra anlässlich meiner Geburt gibt. Aber zwei Wochen später flippen dann alle aus, stellen einen Kranz mit vier Kerzen auf und freuen sich 24 Tage lang mit einem Adventskalender auf den Geburtstag eines Mannes, den sie gar nicht kennen. Erlöser dies das. Ich habe am 16. November Geburtstag und möchte, dass zumindest meine Familie und meine Freunde ab dem 23. Oktober diesem freudigen Ereignis entgegenfiebern. Und bis es so weit ist, werde ich der gesamten Vorweihnachtszeit mit Ablehnung gegenübertreten.

Ich merke es auch erst, dass Advent ist, wenn ich bei meiner Mutter zum Essen eingeladen bin und die Spaghetti Bolognese nach Zimt schmeckt. Das ist so ihr Ding. Zur Weihnachtszeit fügt sie jedem Gericht einfach Zimt hinzu. Spaghetti Bolognese mit Zimt, Kartoffelgratin mit Zimt, Fischforelle mit Zimt und zum Nachtisch Apfelstrudel – ohne Zimt, weil der dann natürlich alle ist.

2. ADVENT

Der Geist der Weihnacht hat mich voll erfasst. Ich stehe auf einem Weihnachtsmarkt und probiere mich durch die verschiedenen Glühweinsorten. Jesus Christus wäre stolz auf mich. Die historische Überlieferung in der Bibel ist ja eindeutig: Damals haben sich anlässlich der Geburt des Heilands vor dem Stall einige Budenbetreiber versammelt, Nippes aus Filz und Holz verkauft und gebrannte Mandeln gegessen. Als Josef hinausgetreten ist, um die Geburt „seines" Sohnes zu verkünden, hat die Musik-AG der Grundschule Bethlehem mit Blockflöten und Triangel gezeigt, was sie in den letzten acht Wochen gelernt hatte.

Weiter hinten stand ein Karussell, auf dem gelangweilte Kinder für fünf Schekel ihre Runden auf Ochsen und Eseln aus Holz drehen mussten, weil Mama und Papa entdeckt hatten, dass man Glühwein auch mit Schuss bekommen kann. Ich begrüße sehr, dass sich diese besinnliche Tradition bis ins 21. Jahrhundert gerettet hat.

3. ADVENT

Kennen Sie das? Im Radio läuft „Last Christmas", und Sie denken sich: „Schön! Schönes Lied! Höre ich viel zu selten. Ich freue mich immer, wenn es läuft." Natürlich kennen Sie das nicht. Man schneidet sich ja auch nicht in den Finger und denkt sich dann: „Schön! Schön, dass ich endlich mal wieder blute." „Last Christmas" ist der Mario Barth unter den Weihnachtsliedern. Man kann es nicht mehr hören, aber man kommt ja doch nicht drum rum, und eine anonyme, unheimlich große Masse von Leuten findet es auch noch gut. Genauso wie Jahresrückblicke. Fernsehsendungen für Menschen, die sich einfach noch mal die geilsten Rosinen aus der großen Tüte des vergangenen Jahres herauspicken wollen. Noch einmal um die toten Prominenten trauern, von denen man aber auch bis zur Todesnachricht schon lange nichts mehr gehört hatte. Noch einmal die wunderbarsten Naturkatastrophen und Terroranschläge Revue passieren lassen. Im Studio erzählt ein entstelltes Opfer, wie genau es das empfunden hat, als das Krokodil ihr ins Gesicht gebissen und dabei die rechte Gesichtshälfte abgerissen hat. Und durch die Sendung führen Günther Jauch oder Markus Lanz. So ein richtig gemütlicher Samstagabend halt. „Schön! Schön, dass man sich dieses tolle Jahr noch mal gemütlich auf der Couch ansehen kann."

4. ADVENT

Verkaufsoffener Sonntag. Ich glaube, der fünfte in den letzten vier Wochen. Ich muss Eier kaufen. Und ich brauche ein Weihnachtsgeschenk für meine Mutter. Im Netto finde ich beides. Mutter bekommt in diesem Jahr eine Konservendose Erbsensuppe für ihren Atomschutzbunker. Mindestens haltbar bis 2034. Ich ahne, dass sie sich an Heiligabend noch nicht so richtig wird drüber freuen können. Aber es wird der Tag kommen, an dem sie in ihrem Bunker sitzt, Suppe löffelt und an mich denkt. Zu Hause rufe ich meine Brüder an und sage ihnen, dass sie unserer Mutter in diesem Jahr einen Atomschutzbunker schenken müssen. Sonst sieht das mit der Erbsensuppe merkwürdig aus.

HEILIGABEND

Ich helfe beim Schmücken des Weihnachtsbaums. Wie allseits bekannt, war früher mehr Lametta. Viel mehr, es ist immer weniger geworden. Heute gibt es gar keins mehr. Irgendwas mit Umwelt und blauer Planet, na ja, auf jeden Fall schneide ich Alufolie in kleine Streifen und bewerfe den Baum damit. Meine Mutter reicht Glühbier. Mit Zimt. Zu essen gibt es Zimtschnecken. Also Schnecken mit Zimt. Damit wurden Grenzen überschritten. Alle finden es eklig. Bescherung. Meine Mutter hat mir ein Bild gemalt. Mit Paint. Sie sagt, sie habe früher auch immer selbst gemalte Bilder von mir bekommen und so getan, als ob die schön wären, da wäre es ja wohl nicht zu viel verlangt, wenn ich mich jetzt auch mal über so einen Mist freue. Und irgendwie hat sie damit recht.

Meine Brüder schenken ihr irgend so ein teures Parfum und ich halt die Erbsensuppe. Aber man soll die Qualität von Geschenken ja nicht gegeneinander aufwiegen, sage ich, damit wird man der Sache nicht gerecht. Und weil meine Mutter Muttersein sehr gut kann, freut sie sich über beide Geschenke gleichermaßen, obwohl ich, wenn man es ganz streng sieht, vielleicht das ein bisschen schlechtere Geschenk hatte. Na ja, Weihnachten ist halt ein Fest der Familie, der Nächstenliebe und auch der Vergebung. Und ich habe schließlich auch vergeben, dass es in diesem Jahr ab dem 23. Oktober erneut keinen Adventskalender zu meinen Ehren gab. Quit pro quo. Frohe Weihnachten!

Auf des Weihnachtsmanns Spuren

Paul Kästner

In tiefer Nacht,
als niemand wacht,
ging durch den Tann
der Weihnachtsmann.
Sein Sack hing schwer
vom Rücken her
und schleift im Schnee,
ganz deutlich seh
ich seine Spur,
folgt mir nur!

Hier an diesem Dornenbusch
ging er eine Strecke,
deutlich seh ich's, glaubt ihr's nicht?
Folgt mir um die Ecke!
Aber sacht,
kein Geräusch gemacht!
Hier an diesem Dornenbusch
blieb der Sack ihm hängen
und er musste mühsam sich
durch das Dickicht zwängen!

Hier an diesem Dornenbusch
ist sein Sack zerrissen!
Aus dem Sack –
klick klack, klick klack! –
tröpfelt es von Nüssen!
Eichhörnchen hat vom Tannenzweig
das Unglück schon gesehen,
doch warnt es nicht den Weihnachtsmann,
es lässt ihn weitergehen.

Er schlägt den Schwanz zum Kringel,
der kleine braune Schlingel,
und klettert flink und munter
vom Tannenbaum herunter.
Nun sitzt er dort in guter Ruh
am Weihnachtstisch, seht ihm nur zu,
knackt Nüsse sehr bedächtig –
ihr seht, es schmeckt ihm prächtig!

Vergnügten Gesichts
tat der Alte, als merkte er nichts,
dachte an Kinder und frohe Gesichter,
dachte an Spielzeug und Weihnachtsbaumlichter,
ging indessen zum Walde hinaus. –
Immer näher an unser Haus
führte ganz deutlich seine Spur,
denkt euch nur! –

„Mutter, Mutter, wir haben's gesehen,
denkt doch, des Weihnachtsmanns Spuren gehen
deutlich bis dicht vor unsere Tür!
Mutter, war er vielleicht schon hier?"
Spricht die Mutter: „Denkt doch mal an,
eben war bei mir der Weihnachtsmann!
Plötzlich hört ich ein starkes Klopfen,
öffnete selbst, da trat er ein,
bat mich, ich möchte den Sack ihm stopfen,
denkt doch, ihm riss ein Loch hinein!

Und da hat er mir vieles erzählt,
wie ihm dies und jenes gefehlt.
Aber der Sack war doch noch sehr voll,
hat auch gefragt, was er hierlassen soll!
Sachte, Kinder, hübsch artig immer!
Und geht mir nicht an das Weihnachtszimmer!"

Der Weihnachtsmann im Schaukelstuhl

Albrecht Gralle

Der Weihnachtsmann stand vor seinem grünen Kachelofen und hielt seine kalten Hände gegen die heißen Kacheln, denn er kam gerade aus dem Stall und hatte die vier Rentiere gefüttert. Draußen tobte ein Sturm, der die Schneeflocken gegen das Fenster schleuderte und die Eiszapfen an der Regenrinne abbrach, sodass sie klirrend zu Boden fielen.

„Ist das ein Wetter", brummte er, „da ist es doch hier drinnen viel gemütlicher."

Er drehte sich um und setzte sich in den Schaukelstuhl. Und während er hin und her wippte, dachte er daran, dass er eigentlich überhaupt keine Lust mehr hatte, an Weihnachten zu arbeiten.

Die Liste mit den Geschenken, die er für Hunderte von Kindern in seinem Bezirk besorgen musste, wurde immer größer. Und die Pakete passten nicht alle auf seinen Schlitten, sodass er gezwungen war, mehrmals zu fahren. Ja, und dann hatte es in Deutschland

zum Weihnachtsfest die letzten Jahre nicht einmal mehr geschneit!

Außerdem waren die meisten Kinder mit ein paar netten Spielzeugen und Plätzchen nicht mehr zufrieden, sie wollten teure Markenklamotten, Computerspiele und Geld. Die Süßigkeiten kauften sie sich sowieso von ihrem Taschengeld im Supermarkt nebenan.

Also, was sollte der ganze Rummel? Die Geschichte machte keinen Spaß mehr!

Inzwischen hatte sich der Schneesturm etwas beruhigt, und es wehte nur noch ein frischer Wind, der die Tannen vor dem Blockhaus des Weihnachtsmanns ein wenig schüttelte und sie für einen Augenblick in eine Schneewolke einhüllte.

Immer noch schaukelte der Weihnachtsmann vor dem Kachelofen hin und her.

„Nein, nein, nein!", rief er. „Diesmal bringen mich keine zehn Rentiere nach Deutschland. Vielleicht fällt es den Kindern ja gar nicht auf, wenn ich zu Hause bleibe. Ich werde den Eltern eine Nachricht schicken, dass sie dieses Jahr die Geschenke selbst verteilen sollen. Das ist sowieso viel vernünftiger."

Ach, man konnte schon ein bisschen verstehen, dass er dieses Jahr einfach mal zu Hause bleiben wollte, denn es war so gemütlich in seinem Haus im Norden Alaskas, kurz vor dem Nordpol. An der einen Holzwand des Blockhauses, gegenüber dem Kachelofen, stand ein sehr altes, rotes Sofa mit Goldverzierungen an den Rändern. Bilder hingen an der Wand, auf denen Zwerge und Heinzelmännchen bei der Arbeit zu sehen waren, und der große Sessel in der Ecke war mit einem weißen Eisbärfell ausgeschlagen. Eine Wärmflasche aus Kupfer hing an einem Haken an der Wand, und wenn es einem zu kalt wurde, konnte man sich einfach auf die Holzbank setzen, die um den Kachelofen herumlief, und sich den Rücken wärmen lassen. Gerade brutzelten drei Bratäpfel hinter der Ofenklappe und verbreiteten einen verführerischen Duft …

Plötzlich klopfte jemand laut an die Tür.

„Nanu?", wunderte sich der Weihnachtsmann. „Wer ist denn bei diesem Wetter noch draußen?"

Vorsichtig öffnete er und sah eine heftig zitternde Gestalt vor sich, die ein paar Flügel zusammengeklappt unter dem Arm trug. Sie trat von einem nackten Fuß auf den anderen. Die nassen, schwarzen Locken hingen ihr in die Stirn.

„Darf ich mich bei dir ein wenig aufwärmen?", fragte das bibbernde Geschöpf. „Ich bin nämlich ein Weihnachtsengel."

„Natürlich", brummte der Weihnachtsmann und strich über seinen weißen Bart. „Komm rein, komm rein!"

Der Weihnachtsengel, eine hoch gewachsene, schöne Frau in einem weißen Mantel mit einem goldenen Gürtel, flüchtete sich gleich auf die warme Holzbank am Kachelofen. Ihre Flügel stellte sie zum Trocknen gegen die Wand. Und dann saß sie da, mit angezogenen Knien. Nur die Zehen waren zu sehen. Sie schien sich wirklich wohlzufühlen. Fast hätte sie wohl geschnurrt wie ein Kätzchen.

„Ach, das tut gut!", seufzte sie.

„Sag mal", meinte der Weihnachtsmann, „willst du vielleicht einen Bratapfel? Es sind gerade welche fertig!"

„Ja, gerne. Mit Vanillesauce, wenn's geht."

Der Weihnachtsmann holte zwei Bratäpfel aus dem Ofen und verschwand damit in der Küche.

Als die beiden ein wenig später die dampfenden Früchte von weiß-roten Tellern aßen, sah sich der Engel um und sagte überrascht: „Nanu! Bei dir ist ja alles aufgeräumt! Müsste denn nicht um diese Zeit dein Haus voller Geschenke, Papier, Bänder, Schnipsel und Klebstoff sein?"

Der Weihnachtsmann nickte und kaute, und als er

den Bissen hinuntergeschluckt hatte, erklärte er dem Engel alles, was ihn bedrückte, seine ganze Lustlosigkeit.

„Wahrscheinlich leidest du an einer Kombination aus Einbahnkrankheit und Wozu-Entzündung", meinte der Engel.

„An der was?"

„Einbahnkrankheit", wiederholte die schwarz gelockte Schönheit und löffelte ihre Vanillesauce. „Einbahnkrankheit bedeutet, dass du dauernd Leute beschenken musst, aber nie selbst etwas geschenkt bekommst. Es geht alles nur in eine Richtung. Wenn man das eine Zeit lang macht, dann verliert man jede Freude am Schenken."

„Ja", der Weihnachtsmann nickte, „das leuchtet mir ein."

„Und die Wozu-Entzündung", fuhr der Engel fort, „die macht einen müde und lahm. Sie entsteht, wenn man nicht mehr weiß, warum und wozu man etwas tut."

Wieder nickte der Bärtige. „Mann, du hast den Nagel auf den Kopf getroffen!"

„Ich bin kein Mann", sagte die Engelfrau, wischte sich mit dem Handrücken über den Mund und schüttelte ihre schwarzen, glänzenden Engelhaarlocken, die inzwischen wieder trocken waren. „Hast du noch mehr von diesen Äpfeln? Die schmecken wirklich hervorragend!"

„Ja, ja, einen hab ich noch", sagte der Weihnachtsmann noch ganz in Gedanken und holte den dritten Apfel. „Tja", meinte er dann zu dem kauenden Engel, der inzwischen wieder richtig rosig aussah und zu leuchten anfing. „Wozu bin ich bloß der Weihnachtsmann? Warum eigentlich?"

„Ich geb dir mal ein paar Stichworte", sagte der Engel mit vollem Mund. „Stern, Geburt, Stall, Hirten, Friede."

„Ach ja, jetzt fällt's mir wieder ein", rief der Weihnachtsmann. „Wir feiern Weihnachten, weil da irgendjemand geboren wurde…"

„Irgendjemand ist gut!" Der Engel lachte und schüttelte verwundert den Kopf.

„Ein… ein Filmstar vielleicht?", fragte der Weihnachtsmann und fuhr sich durch seine weißen Locken.

„Falsch."

„Hm. Ein Politiker?"

„Quatsch!"

„Ein Künstler?"

„Alles falsch", sagte der Engel. „Meine Güte, jetzt

wundert mich überhaupt nichts mehr. Deine Wozu-Entzündung ist schon weit fortgeschritten."

Der Weihnachtsmann lief aufgeregt im Zimmer hin und her, dass die Bodendielen knarrten, während draußen der Wind um die Ecken pfiff und die Zweige einer Krüppelkiefer am Fenster kratzten. Plötzlich blieb der Weißbärtige stehen. „Du liebe Zeit, jetzt weiß ich's!"

„Na, da bin ich ja gespannt."

„Gott selbst wurde auf der Erde geboren", flüsterte der Weihnachtsmann. „Gott wurde ein Mensch, ein kleines Kind, um alles selbst zu erleben, was es hier auf der Erde so gibt."

Der Engel nickte und sagte nichts, und der Weihnachtsmann, der seinen Gast nachdenklich anblickte, fuhr nach einer Weile fort: „Also, wenn Gott Mensch wurde und hier alles durchgemacht hat, dann hat er vermutlich auch die Einbahnkrankheit und die Wozu-Entzündung erlebt."

„Ich sage dir", der Engel nickte, „er hat hier die Hölle durchgemacht, mein Lieber, und seitdem brauchen wir uns nicht mehr gegenseitig das Leben zur Hölle zu machen."

„Wenn ich es recht überlege, dann ist das ja ein … ein großartiges Geschenk", murmelte der Weihnachtsmann und ließ sich auf das rote Sofa fallen, dass es quietschte.

Der Engel, der seinen zweiten Bratapfel verzehrt hatte, stand auf und nahm seine inzwischen trockenen Flügel in die Hand. „Ach, übrigens, kommst du morgen zum Schlittschuhlaufen auf den Teich am Waldrand? Eine Gruppe Eisbären wird mittags den Schnee wegfegen."

Der Weihnachtsmann schüttelte den Kopf. „Tut mir leid. Keine Zeit."

„Wieso?", fragte der Engel. „Du hast doch nichts zu tun!"

„Ich muss doch die Geschenke holen und einpacken!", rief der Weihnachtsmann aufgeregt. „Ich glaube, die Wozu-Entzündung lässt schon etwas nach, und ich habe den Eindruck, dass mir jemand auf der Einbahnstraße entgegenkommt."

Wenn es Winter wird

Christian Morgenstern

Der See hat eine Haut bekommen,
sodass man fast drauf gehen kann,
und kommt ein großer Fisch geschwommen,
so stößt er mit der Nase an.

Und nimmst du einen Kieselstein
und wirfst ihn drauf, so macht es klirr
und titscher – titscher – titscher – dirr …
Heißa, du lustiger Kieselstein!

Er zwitschert wie ein Vögelein
und tut als wie ein Schwälblein fliegen –
doch endlich bleibt mein Kieselstein
ganz weit, ganz weit auf dem See draußen liegen.

Da kommen die Fische haufenweis
und schaun durch das klare Fenster von Eis
und denken, der Stein wär etwas zum Essen;
doch sosehr sie die Nase ans Eis auch pressen,
das Eis ist zu dick, das Eis ist zu alt,
sie machen sich nur die Nasen kalt.

Aber bald, aber bald
werden wir selbst auf eignen Sohlen
hinausgehn können und den Stein wiederholen.

Der Schneemann

Hans Christian Andersen

„Es ist prächtig kalt heute!", sagte der Schneemann. „Es knirscht und knackt durch meinen ganzen Körper! Dieser schneidende Wind packt einen ordentlich an, und wie mich die Glühende dort drüben anglotzt!"

Damit meinte er die Sonne, die eben unterging.

„O, ich werde gewiss nicht blinzeln, ich kann meine Stücke schon noch festhalten!"

Anstelle der Augen hatte er nämlich zwei große, dreieckige Dachziegelstücke, und sein Mund bestand aus einer alten Harke, sodass er sogar Zähne hatte.

Der Schneemann war unter den Hurrarufen der Knaben geboren und gleich mit Schellengeläute und Peitschenknall begrüßt worden. Die Sonne ging unter; der Vollmond ging auf; rund und groß, klar und schön segelte er durch die blaue Luft dahin.

„Da haben wir sie wieder von einer anderen Seite!", sagte der Schneemann. Er meinte, es sei die Sonne, die sich aufs Neue zeige.

„Aber ich habe ihr das Glühen und Glotzen abgewöhnt! Nun kann sie dort oben hängen und so hell scheinen, dass ich mich selbst sehen kann. Wenn ich nur wüsste, was man tun muss, um vom Fleck zu kommen! Ich möchte mich so gern ein wenig bewegen! Wenn ich es könnte, würde ich jetzt aufs Eis hinuntergehen und darüber hingleiten, wie ich es die Knaben tun sah. Aber ich kann eben nicht laufen, ich weiß nicht, wie man es macht."

„Weg, weg!", bellte der Kettenhund. Er konnte nicht mehr recht bellen und war immer heiser, seit er kein Stubenhund mehr war und nicht mehr unter dem Kachelofen lag. „Die Sonne wird dich schon laufen lehren! Das sah ich im vorigen Winter bei deinem Vorgänger. Weg, weg! Und weg sind alle!"

„Ich verstehe dich nicht", sagte der Schneemann. „Soll mich vielleicht die da oben laufen lehren?" Er meinte den Mond. „Vorhin lief sie freilich fort, als ich sie fest ansah, aber jetzt schleicht sie wieder von einer andern Seite herbei."

„Du weißt gar nichts", sagte der Kettenhund, „aber du bist allerdings auch erst vor Kurzem aufgerichtet worden. Das, was du jetzt siehst, ist der Mond, und das, was unterging, war die Sonne. Sie kommt morgen wieder und wird dich dann sicherlich in den Wallgraben hinunterlaufen lehren. Wir bekommen anderes Wetter. Ich spüre es schon in meinem linken Hinterbein; es zieht und sticht gewaltig. Ja, das Wetter schlägt um."

„Ich verstehe ihn gar nicht", sprach der Schneemann bei sich selbst, „aber ich habe das Gefühl, dass er mir etwas Unangenehmes ankündigt. Sie, die mich so anstarrte und dann fortlief, und die er Sonne nennt, ist auch nicht meine Freundin, das ahne ich schon!"

„Weg, weg!", bellte der Kettenhund, drehte sich dreimal im Kreise um sich selbst und legte sich dann in sein Haus, um zu schlafen.

Das Wetter schlug wirklich um. Gegen Morgen legte sich ein dicker, feuchter Nebel über die ganze Gegend, und kurz vor Sonnenaufgang erhob sich ein eisiger Wind, sodass die Kälte durch und durch drang. Aber welch ein herrlicher Anblick bot sich dar, als dann die Sonne aufging. Alle Bäume und Sträucher waren mit Reif überzogen, und die Gegend glich einem ganzen Wald von weißen Korallen.

Es war, als ob alle Zweige mit strahlend weißen Blüten übersät wären. Die unendlich vielen feinen Verzweigungen, die man im Sommer nicht bemerken kann, traten nun einzeln deutlich hervor, und zwar so blendend weiß, als ob aus jedem einzelnen Zweig ein weißer Glanz ströme. Die Trauerweide bewegte sich im Wind; es war Leben in ihr, gerade wie in den Bäumen zur Sommerszeit. Ach, es war unvergleichlich schön, und als dann die Sonne schien, wie funkelte und blitzte es rundherum, als sei alles mit Diamantstaub überstreut und als funkelten große Brillanten auf der weiten Schneedecke! Oder man hätte auch meinen können, es seien unzählige kleine Lichtlein, die noch heller als der weiße Schnee flimmerten.

„Es ist eine wunderbare Pracht!", sagte ein junges Mädchen, das mit einem jungen Mann in den Garten hinaustrat. Sie blieben gerade neben dem Schneemann stehen und betrachteten die schimmernden Bäume. „Selbst im Sommer gibt es nichts Schöneres!", und dabei strahlte ihr Auge.

„Und so einen Kerl wie diesen hier hat man im Sommer erst recht nicht!", entgegnete der junge Mann und deutete auf den Schneemann. „Er ist ausgezeichnet!"

Das Mädchen lächelte, nickte dem Schneemann freundlich zu, und dann gingen die beiden über den knirschenden Schnee weiter.

„Wer war denn das?", fragte der Schneemann den Kettenhund. „Du bist schon länger auf dem Hofe, kennst du sie?"

„Natürlich", sagte der Kettenhund, „sie hat mich ja gestreichelt, und er hat mir schon ab und zu einen Knochen gegeben; die beiße ich nicht."

„Aber was sind sie denn?", fragte der Schneemann.

„Brautleute", erwiderte der Kettenhund, „sie wollen zusammen in eine Hundehütte ziehen und an Knochen nagen. Weg, weg!"

„Sind die beiden dasselbe wie wir?", fragte der Schneemann.

„Ach nein, sie gehören ja zur Herrschaft!", antwortete der Kettenhund. „Man weiß aber doch wirklich recht wenig, wenn man erst einen Tag alt ist; das merke ich an dir. Ich aber bin alt und besitze Kenntnisse und kenne alles hier auf dem Hofe, ja, ich habe eine Zeit gekannt, wo ich hier nicht in der Kälte und an der Kette lag. Weg, weg!"

„Die Kälte ist herrlich!", sagte der Schneemann. „O, bitte, erzähle! Aber du darfst nicht so mit deiner Kette rasseln, sonst knackt es immerfort in mir."

„Weg, weg!", bellte der Kettenhund. „Ein junges Hündchen bin ich gewesen, ganz klein und niedlich, so sagte man damals. Ich lag auf einem Samtfauteuil drinnen im Schloss, ja, sogar auf dem Schoße der Herrschaft. Auf das Schnäuzchen wurde ich geküsst, und man wischte mir die Pfoten mit einem gestickten Taschentuch ab. Ich hieß ‚Bello‘ und auch ‚Schnuteken‘. Später wurde ich ihnen zu groß, und man gab mich der Haushälterin. Nun kam ich in die Kellerwohnung; du kannst von dort, wo du stehst, gerade hineinsehen. Das ist die Kammer, worin ich die Herrschaft gewesen bin, denn das war ich bei der Haushälterin. Wohl war es ein geringerer Ort als oben, aber desto behaglicher, denn hier wurde ich nicht immer von den Kindern gezerrt und herumgetragen, bekam mein ebenso gutes Futter wie zuvor, nur viel mehr. Auch hatte ich mein eigenes Kissen, und außerdem war dort ein Ofen, und das ist um diese Jahreszeit das Schönste auf der Welt. Ich kroch völlig unter den Ofen hinunter, sodass ich ganz verschwand. O, von ihm träume ich noch jetzt. Weg, weg!"

„Sieht denn ein Ofen gar so schön aus?", fragte der Schneemann. „Sieht er mir gleich?"

„O nein, ganz im Gegenteil! Kohlschwarz ist er und hat einen langen Hals mit einer Messingtrommel. Er frisst Brennholz, sodass ihm das Feuer aus dem Munde sprüht. Man muss neben ihm liegen oder oben darauf oder auch unter ihm, dann ist es unaussprechlich behaglich. Du musst von dort, wo du stehst, zum Fenster hineinsehen können."

Der Schneemann sah hin und gewahrte wirklich einen schwarzen, glänzenden Gegenstand mit einer Messingtrommel, aus dem das Feuer von unten herausstrahlte. Dem Schneemann wurde es dabei ganz sonderbar zumute. Er hatte eine Empfindung, über die er sich selbst nicht klar werden konnte. Es überkam ihn ein Gefühl, wie er es noch nie gehabt hatte, was aber alle Menschen, wenn sie überhaupt Menschen sind, recht wohl kennen.

„Und warum verließest du sie denn?", fragte der Schneemann. Sein Gefühl sagte ihm, dass ein Ofen ein hübsches weibliches Wesen sein müsse. „Wie mochtest du nur einen solchen Ort verlassen?"

„Ich musste wohl oder übel", sagte der Kettenhund. „Man warf mich einfach hinaus und legte mich an die Kette. Ich hatte nämlich den jüngsten Junker ins Bein gebissen, weil er mir einen Knochen, woran ich nagte, wegstieß. Aber bei mir heißt es: Bein um Bein! Das nahm jedoch die Herrschaft sehr krumm, und seither muss ich hier an der Kette liegen und habe mit der Zeit auch meine helle Stimme verloren. Höre nur, wie heiser ich bin: Weg, weg! Das war das Ende vom Lied."

Der Schneemann hörte nicht mehr auf das, was der Hund sagte; er schaute immer noch in die Kellerwohnung der Haushälterin, wo der Ofen auf seinen vier eisernen Füßen stand und mindestens ebenso groß war wie der Schneemann.

„Es knackt so eigentümlich in mir!", sagte dieser. „Werde ich wohl nie dort hineinkommen? Das ist doch ein unschuldiger Wunsch, und unsere unschuldigen Wünsche müssten eigentlich in Erfüllung gehen. Ach, es ist mein höchster, mein einziger Wunsch, und es wäre beinahe ungerecht, wenn er nicht befriedigt würde! Ich muss hinein, ich muss mich an sie anlehnen, und müsste ich auch das Fenster eindrücken!"

„Da kommst du nie hinein", sagte der Kettenhund, „und kämest du auch wirklich bis zum Kachelofen, dann wärst du bald weg, weg!"

Und bald nachher war auch der Winter überstanden. „Weg, weg!", bellte der Kettenhund. Aber das kleine Mädchen sang auf dem Hofe:

„Hervor, ihr Blümlein auf der Au,
ihr Weidenkätzchen silbergrau!
Herbei, du frohe Vogelschar,
schon ist der letzte Februar.
Wir singen mit: Kuckuck, quivit!
Komm, liebe Sonne, säume nit!"
Nun denkt niemand mehr an den Schneemann.

Tante Frieda kommt!

Martina Tischlinger

„Schnee-he-flöckchen, Weißröckchen, wa-hann kommst du geschneit…", höre ich Anna aus der Küche, als ich verschwitzt und leicht gereizt vom Dachboden komme. Mein süßes Mädchen will den Schnee herbeisingen, was ihr bisher noch nicht gelungen ist. Der Schnee fällt meist dann, wenn sie im Bett liegt und schläft. Ich schnappe mir die Taschenlampe und gehe wenig zuversichtlich in den Keller.

Dort öffne ich die ausrangierten, aber prallvollen Schränke, hole verstaubte Kisten aus den Regalen, leuchte in jeden Winkel. Nichts. Wo ist sie denn nur, die klaut doch keiner? Den Dachboden habe ich bereits erfolglos umgepflügt, und auch hier unten gebe ich auf.

Wo ist diese dusselige Figur? Mein Mann und ich nennen sie mit einem Augenzwinkern „Fruchtbarkeitsstatue". Sie ist einen halben Meter groß, angeblich von einer karibischen Insel, auf der Voodoo praktiziert wird, und furchteinflößend scheußlich. Tante Frieda hat sie uns vor sechs Jahren zu Weih-

nachten geschenkt, neun Monate später kam unsere
Anna zur Welt. Dennoch haben wir die unförmige
Holzfigur mit den stierenden Augen und der überdi-
mensionierten Nase aus unserem Wohnzimmer ver-
bannt. Sie zum Sperrmüll zu geben brachten wir
nicht übers Herz, also stellten wir sie ... ja, wohin?
Ich muss sie finden!
Tante Frieda kommt nämlich völlig überraschend
Weihnachten zu Besuch. Sprich: morgen, an Heiligabend. Und ich habe eigentlich überhaupt keine Zeit,
nach der Fruchtbarkeitsstatue zu suchen! Ich muss
einen völlig neuen Speiseplan erstellen. Tante Frieda
hat es mit der Galle, ist allergisch gegen Nüsse,
Milchprodukte müssen laktosefrei sein, von Krus-
tentieren bekommt sie einen Hautausschlag, Fleisch
isst sie nur ungern, und wenn ich Pech habe, ernährt
sie sich neuerdings vielleicht vegan. Außerdem muss
ich vorsichtshalber jede Ecke saugen, noch einmal
gründlich Staub wischen und das Gästezimmer lüf-
ten. Ich fürchte mich vor Tante Friedas ausgestreck-
tem Zeigefinger, mit dem sie über eine mögliche
Staubschicht fährt.
Mit einer in der wundervollen Adventszeit völlig un-
angebrachten Wut im Bauch rumple ich in der Diele
mit meinem Mann zusammen, oder vielmehr mit

einem Weihnachtsbaum, der von der Größe besser in eine Bahnhofshalle passen würde.

„Du wolltest doch unbedingt einen riiiesigen Baum, um deine Tante zu beeindrucken!", verteidigt mein Mann das grüne Monster, das, als wir es aus dem Netz befreit haben, mit seinen Zweigen das halbe Sofa im Wohnzimmer verdeckt.

Ich höre gar nicht hin. Grüble allerdings, ob wir überhaupt so viel Christbaumschmuck haben, und bete gedanklich dafür, dass Tante Frieda nicht mit Juckreiz oder Pickeln auf das Baumharz reagiert.

„Ich kann die Fruchtbarkeitsstatue nicht finden", jammere ich. „Bist du sicher, dass du sie nicht versehentlich weggeworfen hast?"

„Ich? Wieso ich? Ist ja wieder klar, dass ich schuld bin", meckert mein Mann. „Vielleicht merkt Tante Frieda gar nicht, dass ihre blöde Figur nicht mehr da ist."

Wenn er sich da mal nicht täuscht. Sie merkt das! Tante Frieda hat mit ihren sechsundsiebzig Jahren noch immer ein Gedächtnis wie ein Elefant. Ich traue mich einfach nicht, ihr zu gestehen, dass wir ihr Geschenk nicht mögen, und ich will sie auf gar keinen Fall beleidigen. Denn wir haben sie ganz arg lieb – aber halt nicht dieses Holzding!

Aus der Küche dringen immer jämmerlichere Laute:
„Wa-hann kommst du geschneit?"
„Was tut Anna denn da am Fenster?", fragt mein
Mann, während er durch geschicktes Drehen und
Wenden des Baumes erreichen will, dass wir ins
Wohnzimmer ohne den Einsatz eines Buschmessers
gelangen können.
„Sie singt den Schnee herbei."
„Bloß nicht!", sagt mein Mann. „Am Ende gibt es
wieder Verkehrschaos und die Züge bleiben auf der
Strecke stehen."
Dann grinsen wir uns an: Und Tante Frieda kann
nicht kommen!
Aber es schneit natürlich nicht. Tante Frieda ruft uns
von unterwegs an, sie ist soeben am Bahnhof in ein
Taxi gestiegen und in wenigen Minuten bei uns. Wir
hätten sie natürlich abgeholt, aber nein, sie wollte
uns keine Mühe machen.
In dem Moment, in dem Tante Frieda an der Tür
klingelt, sehe ich durchs Küchenfenster im Hinter-
grund meinen Mann aus der Garage laufen, die
Fruchtbarkeitsstatue über dem Kopf wie eine Sieges-
trophäe. Er hat sie!
Ich umarme Tante Frieda, nehme ihr den Mantel ab.
Ihr Mund bleibt offen, als sie die Bewaldung unseres

Wohnzimmers sieht. Aber sie scheint sich wohlzufühlen. Mit einem genüsslichen Seufzen pflanzt sie
sich aufs Sofa und streift die Schuhe ab. Ich serviere
ihr – koffeinfreien – Kaffee, und sie nascht von meinen Weihnachtsplätzchen.

Stolz holt mein Mann die Fruchtbarkeitsstatue hervor und erklärt: „Wir haben sonst einen Ehrenplatz
im Wohnzimmer für dein Geschenk, aber wegen des
Baumes ... du verstehst ... stand sie eine Weile bei uns
im, äh, Schlafzimmer."

Ich verschlucke mich fast.

Tante Frieda stopft sich noch ein Plätzchen in den
Mund. „Aber warum um Himmels willen habt ihr
diese Figur aufgehoben, die ist ja potthässlich! Ich
soll euch die geschenkt haben? Niemals!" Dann
wünscht sie sich ein Verdauungsschnäpschen, wegen
der vielen Butter im Gebäck, und strahlt. „Da bin ich
aber froh, dass ich ein so tolles Weihnachtsgeschenk
für euch habe."

Sie reibt sich die Hände. „Ich war im Bayerischen
Wald bei einem Holzschnitzer ... Aber lasst euch
überraschen."

Als wir nervös das Geschenkpapier abreißen, enthül-
len wir eine große Figur mit einem aufgerissenen
Maul, die Augen quellen aus dem Kopf, und sie hat

einen Buckel. Anna versteckt sich sofort hinter dem Rücken ihres Vaters.

Da haben wir also endlich Männlein und Weiblein aus dem Gruselkabinett beisammen.

Nach Tante Friedas Abreise kommt die Fruchtbarkeitsstatue natürlich umgehend zurück in die Garage. Den Waldschrat quartiere ich auf dem Dachboden ein. Zusammenlassen wollen wir die beiden lieber nicht. Nicht, dass sie sich am Ende noch paaren und vermehren!

Das Krippenspiel

Judith Pinnow

Frau Schlangenotter hatte sich überhaupt nicht mehr eingekriegt vor Freude, in ihrer Schultheatergruppe eine Maria UND einen Josef zu haben.

Dass Maria nicht ganz so begeistert war, war ihr gleich. Egal welches Argument Maria vorbrachte, um die Rolle ihrer Namensvetterin nicht spielen zu müssen, Frau Schlangenotter ließ es nicht gelten. Die Theatergruppe war auf dem Goethe Gymnasium ein Wahlpflichtfach, also hatte Maria keine Chance, sie musste in den sauren Apfel beißen.

Mit ihren 1,80 m überragte sie den kleinen Josef um zwei Köpfe. Sie würde die ewige Lachnummer bei der Schulaufführung sein. Eine lange, dünne Maria in einem lächerlich kleinen Kleid, weil der Theaterfundus nichts Passendes für sie hergab.

Der Schwangerschaftsbauch, den sie sich umbinden musste, machte die Sache auch nicht besser.

Josef war das totale Gegenteil von ihr: klein und dick und kein bisschen unzufrieden mit der Hauptrolle und seiner übergroßen Partnerin.

Die Proben verliefen trotz allem ganz gut. Das Ensemble war dieses Mal besser als in den letzten Jahren, was Frau Schlangenotter dazu veranlasste, noch übermotivierter zu agieren, als sie es ohnehin schon tat.

Mit langen Schritten hastete sie zwischen den Schauspielern über die Bühne, im Arm einen Zettelwust. Sie rückte ständig ihre Brille zurecht und gab begeistert Regieanweisungen: „Tim, du kannst noch etwas lauter sprechen. Ja, mindestens diese Sprechstärke! Maria, dir ist kalt, das muss ich sehen. Vergiss nicht, es war eine bitterkalte Nacht in Bethlehem und du hast keine Jacke!"

Maria, die sich nichts mehr wünschte als einen bodenlagen Mantel, in dem sie sich verstecken konnte, machte aus Versehen den absolut passenden Gesichtsausdruck, was Frau Schlangenotter mit einem entzückten „Wunderbar, genau so!" quittierte.

„Ist es in Bethlehem nicht wärmer als hier?", fragte Tim dazwischen.

„Wärmer, aber immer noch kalt genug, dass es nachts nicht warm ist." Frau Schlangenotter klopfte mit einem Stift auf ihre Zettel.

„Noch mal von vorne bitte, alle auf ihre Plätze!"

Maria litt sich durch den dritten Durchgang. Josef

klopfte theatralisch an alle Türen, die ihnen den Einlass verwehrten, und der Esel, gespielt von Magda aus der Zehnten, improvisierte mit Leichtigkeit ein paar Sätze zum ursprünglichen Text, was Frau Schlangenotter in Höchststimmung versetzte.

Am Ende der Generalprobe hielt sie eine Rede, die klang, als würde sie ein Basketballteam in der Bundesliga coachen: „Kinder, das wird eine legendäre Aufführung morgen! Denkt bitte daran, wir treffen uns schon zwei Stunden vorher, zum Aufwärmen. Geht früh ins Bett und esst bitte kohlenhydratreich, bevor ihr kommt. Ich möchte hier niemand sehen, der vor Schwäche von der Bühne kippt!"

Maria schlief schlecht in dieser Nacht. Sie malte sich alle möglichen Horrorszenarien aus: Das Publikum würde sie mit alten Eiern bewerfen oder, noch schlimmer, die komplette Aufführung lang vor sich hin kichern, wenn sie ihren Text aufsagte. Vermutlich würde ihre bloße Erscheinung alle zu ganzen Lachsalven hinreißen.

Am nächsten Morgen war ihr schlecht.

„Aufgeregt?", fragte ihr Vater und kniff ihr fröhlich in die Wangen.

Maria verdrehte die Augen und verbrachte den Tag damit, für ein Wunder zu beten. Vielleicht würde ja die Hälfte des Ensembles erkranken oder Frau Schlangenotter würde urplötzlich genau heute auswandern und ihre wahre Bestimmung in Island entdecken.

Nichts davon trat ein. Alles lief genau nach Frau Schlangenotters Plan. Alle, sogar Tim, erschienen pünktlich und keiner hatte auch nur den Hauch eines Schnupfens, was im Dezember tatsächlich an ein kleines Wunder heranreichte. Allerdings nicht die Art, die Maria sich gewünscht hatte.

Ihr letzter Versuch, spontan an einem Magen-Darm-Virus zu erkranken, wurde von Frau Schlangenotter trotz schauspielerischer Meisterleistung mit Iberogast-Tropfen vereitelt.

Der Saal füllte sich. Zu Marias Entsetzen kam dieses Jahr nahezu die ganze Schule. Offenbar wollte sich niemand die Lachnummer entgehen lassen.

Frau Schlangenotter flüsterte aufgeregt ein paar letzte, ermutigende Worte, dann hob sich der Vorhang und Maria und Josef betraten die Bühne. Ein Raunen ging durch die Menge und Maria wünschte sich einfach zu sterben.

Josef schien nichts davon zu bemerken. Selbstbewusst schritt er über die Bühne und klopfte an die erste Tür. Anton, der den Wirt spielte, öffnete

schwungvoll. Etwas zu schwungvoll, wie sich herausstellte, denn die ganze Wirtshauskulisse fiel ihm
entgegen. Glücklicherweise blieb er unversehrt, da
die geöffnete Tür eine ideale Lücke für ihn abgab.
Das Publikum gab entsetzte Laute von sich und Frau
Schlangenotter hielt sich hinter der Bühne beide
Hände vor den Mund, um nicht zu schreien.
Anton, der mehr erstaunt als erschreckt inmitten
seines umgestürzten Wirtshauses stand, sagte trotz
des Malheurs geistesgegenwärtig seinen Text: „Hier
ist kein Bett mehr frei." Und mit einem Blick auf die
Kulissen am Boden fügte er hinzu: „Sie sehen ja, was
hier los ist!"
Das Publikum traute sich, vorsichtig zu lachen.
Maria nickte entgeistert und zog mit Josef weiter.
Offenbar konnte noch nicht einmal so ein Ereignis
die Aufführung stoppen!
An der nächsten Tür klopften sie vergebens, weil
Hanna aus Angst vor der nun instabilen Kulisse ihre
Tür gar nicht erst öffnete.
Das Publikum begann leise zu glucksen.
Tim, der den Auftrag hatte, den beiden den Stall zu
zeigen, vermied es ebenfalls, seine Tür zu benutzen,
und kam von der Seite auf die Bühne. Da er sich be-
eilen musste, weil Josef vor lauter Aufregung immer

schneller an die Türen klopfte, verfing er sich in seinem langen Gewand, stolpert und fiel Maria und Josef direkt vor die Füße.

Jetzt waren deutliche Lacher vom Publikum zu hören, das anscheinend langsam glaubte, die Inszenierung sei absichtlich so komisch.

Maria und Josef schafften es zuletzt trotz allem unversehrt in den Stall, wo Maria heimlich ihren Bauch abstreifen und das Jesuskind in die Krippe legen sollte.

Magda, die den Esel spielte und das Publikum in der Zeit ablenken sollte, trabte wie geplant vorne auf die Bühne und – versprach sich: „Oh seht den Stier über dem Stall!"

Gerade wollte sich Magda verbessern und Stern sagen, als sich Clara, die den Engel darstellte, viel zu früh von oben abseilte und oben am Stall hängen blieb. Hilflos schlug sie mit den Flügeln.

Das Publikum, das glaubte, sie spielte den Stier über dem Stall, johlte vor Begeisterung.

Maria hatte in der Zwischenzeit erfolglos versucht, ihren Bauch abzubekommen. Das blöde Kleid war viel zu eng und sie hatte schon in den Proben immer wieder Probleme dabei gehabt. Und als wäre das noch nicht genug, war das Jesuskind nicht aufzufinden. Die Stelle auf der Bühne, an der es hätte liegen sollen, war leer.

Ein leises Raunen ging durch das Publikum, das darauf wartete, dass es weiterging. Aber außer dem ratlosen Esel und dem am Stalldach hängenden Engel rührte sich nichts.

Gespannte Stille breitete sich aus, in die Maria verzweifelt und dank der guten Akustik der Bühne deutlich hörbar zu Josef flüsterte: „Das Jesuskind ist weg!"

Das Publikum lauschte gespannt dieser ungewöhnlichen Wendung der berühmten Geschichte.

„Dann hat die jungfräuliche Empfängnis nicht funktioniert?", konterte der kleine Josef und sah zu seiner Frau hoch.

Das Publikum lachte und klatschte vor Begeisterung. Maria traute sich jetzt auch, einen Satz zu erfinden: „Dann war ich gar nicht schwanger, ich hab nur zu viel Kuchen gegessen!" Sie klopfte sich auf ihren verrutschten Bauch, der immer noch wie ein Fußball unter dem zu engen Kleid hing.

Sie erntete begeisterte Lacher. Das Publikum lachte mit ihr und nicht über sie. Maria strahlte vor Freude. Nun kamen die Heiligen Drei Könige mit ihren Geschenken auf die Bühne, die sie etwas ratlos vor sich hertrugen. Eine Weile lang wusste niemand, was er tun sollte, denn ohne Gottes Sohn in der Krippe fehlte ihnen ein Anreiz, ihre Gaben an Maria und Josef zu überreichen.

„Kein Jesus, keine Geschenke!", stellte Achmed aus der Neunten fest, der einen der Könige spielte. Die andern beiden warfen ihre Gaben ins Publikum und Achmed tat es ihnen gleich.

Dieses reagierte begeistert, als Weihrauch, Myrre und Plastikgold zwischen es fiel.

„Lasst uns trotzdem feiern!", rief der Esel und warf sein Hinterteil ab.

„Ja, lasst uns einfach so Weihnachten feiern", rief Anton, der die ganze Zeit in seiner Türlücke herumgestanden hatte. Er zog ein Feuerzeug aus der Hosentasche, um etwas Weihnachtsstimmung zu erzeugen, und sprang in die Mitte der Bühne. Er stolperte dabei über das Jesuskind, das Frau Schlangenotter inzwischen gefunden und unbemerkt auf die Bühne geworfen hatte.

Glücklicherweise fiel er gegen den Strohballen. Unglücklicherweise entzündete sich ein zweiter sofort, als das Feuerzeug in hohem Bogen aus Antons Hand hineinflog.

Das Publikum schien dahinter einen Special Effekt

dieser innovativen Schulaufführung zu vermuten und klatschte laut, als der Strohballen Feuer fing.

Frau Schlangenotter sprang mit einem Feuerlöscher auf die Bühne und löschte wie ein Profi den Brand innerhalb von Sekunden.

Dabei tauchte sie die komplette Bühne in weißen Schaum.

„Schnee an Heiligabend! Was braucht man mehr?", rief Maria ins Publikum und verbeugte sich. Alle anderen, selbst Frau Schlangenotter, taten es ihr gleich. Sie bekamen tosenden Applaus.

Das Stück ging in die Geschichte des Goethe Gymnasiums ein. Nie hatte es eine coolere Maria und eine lustigere Inszenierung gegeben.

Keiner aus dem Ensemble hat je verraten, dass die Comedy Version des Krippenspiels, für die Frau Schlangenotter sehr gelobt wurde, so nie geplant gewesen war.

Geschenkartikel

Carlo Manzoni

Zur Weihnachtszeit betrat Signor Veneranda ein Geschäft für Geschenkartikel. „Das ist ein Geschäft für Geschenkartikel, nicht wahr?", fragte Signor Veneranda die Verkäuferin.

„Ja", sagte die Verkäuferin, „mit was kann ich Ihnen dienen?"

„Ach, wegen mir", sagte lächelnd Signor Veneranda, „mir ist's eigentlich egal."

„Wie bitte?", fragte die Verkäuferin, die nicht begriff.

„Ich habe gesagt, mir ist's egal", sagte Signor Veneranda, „das überlasse ich Ihnen."

„Was überlassen Sie mir?", fragte die Verkäuferin erstaunt. „Ich habe gefragt, was Sie wünschen."

„Hören Sie", sagte Signor Veneranda, „ich will Ihnen kein Kompliment machen, aber womit Sie mir auch dienen, es wird mich auf jeden Fall freuen. Wirklich, ich überlasse es ganz Ihnen."

„Ich verstehe nicht", stotterte die Verkäuferin, die wirklich nicht verstand, „wollen Sie denn nicht einen Geschenkartikel kaufen?"

„Aber nein", sagte Signor Veneranda. „Warum soll ich ein Geschenk kaufen? Ein Geschenk schenkt man doch, oder? Lassen Sie sich Geschenke bezahlen?"

„Aber nein", sagte die Verkäuferin.

„Und warum wollen Sie dann, dass ich sie Ihnen bezahle?", sagte Signor Veneranda. „Wenn ich Ihnen ein Fläschchen Parfüm schenke, bezahlen Sie es mir dann?"

„Aber …", stotterte die Verkäuferin, die nicht mehr wusste, was sie sagen sollte. „Das hier ist ein Geschäft, das Geschenkartikel verkauft."

„Hören Sie, nur keine Ungenauigkeiten", sagte Signor Veneranda. „Verkaufen ist etwas und schenken ist etwas anderes. Wenn Sie verkaufen, ist es unnötig, dass Sie schenken. Stimmt's? Ich sehe schon, Sie wollen mir nichts schenken. Sie haben auch keine Verpflichtung, mir etwas zu schenken, aber dann wäre es besser gewesen, es gleich zu sagen." Signor Veneranda grüßte die Verkäuferin, ging brummend und schlug die Tür zu.

Als mir ein Licht aufging

Stefan Pinnow

Bei Herrmann brennt es.

Also nicht richtig. Es brennt kein Feuer, meine ich. Es brennt auf seinem Balkon. Und das rund um die Uhr. Auch tagsüber. Und vor allem die ganze Nacht hindurch.

Und das ist das Problem.

Herrmann wohnt bei mir gegenüber. Glaube ich zumindest. Also, ich glaube, dass er Herrmann heißt. Ich habe ihn noch nie gesehen, aber das steht am Klingelschild. Er wohnt im gleichen Stockwerk wie ich. Dritte Etage.

Und Herrmann liebt offenbar Weihnachten.

Was ich persönlich gut finde. Ich mag Weihnachten auch sehr. Glühwein, Plätzchen und Stollen. Ich liebe Christstollen. Aber vor allem mag ich diese spezielle, weihnachtliche Stimmung. Die kalte Luft. Den Duft von Zimt, Orangen, Puderzucker. Und vor allem die Lichter. Kerzen und Lichterketten.

Nur nicht die von Herrmann. Denn die ist wie ein Scheinwerfer: viel zu hell und viel zu grell. Herrmanns Kette besteht aus 150 000 Lämpchen. Mindestens. Und – er macht sie nie aus. Dabei geht es mir gar nicht um den Strom. Das ist mir egal. Den muss er ja bezahlen.

Sie scheint direkt in meine Wohnung.

Zwischen seiner und meiner befindet sich nur der Innenhof. Wir wohnen sozusagen über Eck. Buchstäblich einen Steinwurf entfernt. Ich könnte wirklich locker mit einem Stein seinen Balkon treffen …

„Schmeißen Sie doch damit seine Lichterkette kaputt", hat Frau Zirkowsky aus der zweiten Etage neulich zu mir gesagt. Bei ihr scheint die Kette nämlich auch rein. Direkt ins Bad. Sie braucht da seitdem kein Licht mehr anzumachen, hat sie mir erzählt.

„Flutlicht habe ich da jetzt. Und sehe jede meiner Falten noch doller!"

Gehen Sie doch mal zu ihm, meinte sie. Aber was soll ich dann zu Herrmann sagen – Guten Tag, ich wohne schräg gegenüber. Bitte bauen Sie in Ihre Weihnachtsbeleuchtung einen Dimmer ein?

„Sie könnten ihm doch einfach sagen, er soll seine blöde Festbeleuchtung nachts abschalten. Und tagsüber auch."

Gute Idee, aber warum soll ausgerechnet ich das machen?

„Wir könnten nachts heimlich auf seinen Balkon klettern und die blöde Kette durchschneiden!", war eine andere Idee von Frau Zirkowsky.

Um Himmels willen. Welch kriminelle Energie in einigen Leuten steckt. Du lernst einen Menschen erst richtig kennen, wenn Weihnachten ist. Zeig mir die Lichterkette eines Nachbarn – und ich sage dir, wer du bist.

Montagnachmittag. Es klingelt. Frau Zirkowsky steht vor der Tür. Ob sie wohl einen Plan geschmiedet hat, wie wir den Lichterterror von Herrmann beenden können? Vielleicht schlägt sie mir jetzt vor, dass wir gemeinsam rübergehen und ihn beschimpfen. Oder will sie ihn anzeigen, wegen Lichtverschmutzung?

Nichts davon. Stattdessen hat sie was in der Hand, das sie mir mit spitzen Fingern entgegenhält. Ein winziges Glühlämpchen.

„Haben Sie so was?", fragt sie. „Das ist von meiner Lichterkette. Bin aus Versehen draufgetreten. Jetzt ist sie kaputt, und nun brennt die ganze Kette nicht."

„Reihenschaltung", sage ich. „Da kann ich leider gar

nicht helfen. Vielleicht im Baumarkt?" Und dann höre ich mich sagen: „Vielleicht hat ja Herrmann eine Idee. Der ist doch Profi."

Und so ziehen Frau Zirkowsky und ich zu Herrmann. Wir werden einfach das kaputte Lämpchen als Vorwand nutzen, um über seine Weihnachtsbeleuchtung zu reden.

Als die Wohnungstür aufgeht, sind wir verblüfft. Herrmann ist gar kein Mann. Sondern eine ältere Dame. Maria Herrmann, steht auch so am Türschild. Sprachlos stehen wir vor ihr.

„Oh je", sagt sie, „Sie kommen bestimmt wegen der Lichterkette auf meinem Balkon. Weil die so hell ist. Das ist mir sehr unangenehm. Ich habe sie im Internet bestellt und dann gemerkt, dass sie viel zu lang und zu hell ist. Aber jetzt kann ich sie ja nicht mehr zurückschicken."

„Ja. Nein", stottert Frau Zirkowsky und guckt mich mit großen Augen an.

„Sie könnten einen Dimmer einbauen", sage ich, „und eine Zeitschaltuhr."

„So was kann ich nicht", entgegnet Frau Herrmann. Wieder guckt mich Frau Zirkowsky an, ohne etwas zu sagen.

„Ja", stammle ich, „ich könnte mal versuchen, ob

ich... Also, wenn Sie wollen, kann ich gerne mal ..."
Eine Stunde später bin ich vom Baumarkt zurück,
mit einer Zeitschaltuhr und einem Dimmer. Auch
Frau Zirkowsky ist wieder da und hält zwei Flaschen
in der Hand.

„Ich habe uns Glühwein mitgebracht", strahlt sie.
Wenige Minuten später ist die Sache erledigt und die
zwei Geräte sind eingebaut.

„Ein Kinderspiel", sage ich, „musste ja nur beides
eingesteckt werden."

„Bravo!", ruft Frau Zirkowsky und trinkt einen großen Schluck Glühwein. Die beiden alten Damen
haben es sich auf dem kleinen Balkon, eingehüllt in
große Decken, gemütlich gemacht.

„Wunderbar", lacht Frau Herrmann, „ich bin so
froh. Mir war das sehr peinlich. Ich wollte die Be-
leuchtung schon wieder abbauen und wegschmei-
ßen."

„Tja. Ich werde mir wohl eine neue kaufen", sagt
Frau Zirkowsky, „auf meine bin ich ja draufgetreten,
ich kleiner Trampel."

„Nein, müssen Sie nicht", erwidert da Frau Herrmann und macht ein geheimnisvolles Gesicht. „Während der nette Herr Nachbar unterwegs war und Sie
den Glühwein besorgt haben, habe ich für Sie ein

neues, kleines Glühlämpchen bestellt. Im Internet. Das ist doch kinderleicht. Müsste die nächsten Tage ankommen."

Frau Zirkowsky ist sichtlich gerührt. „Also, das ist ja… also, da bin ich ja… Auf die Nachbarschaft!", ruft sie und hält ihren Glühweinbecher in die Höhe. Auch Frau Herrmann hebt ihren Becher und sagt: „Ich bin Maria."

Ich halte meinen Glühwein ebenfalls empor. „Das ist ja ein witziger weihnachtlicher Zufall", sage ich. „Ich bin Josef!"

Frau Zirkowsky zögert einen Moment, guckt uns beide amüsiert an. „Und ich heiße Christa! Auf Weihnachten!" Wir prosten uns zu, lachen laut und bleiben noch ein bisschen auf dem Balkon sitzen.

The Great Weihnachtsmann-Swindle

Hartmut El Kurdi

In dieser unmäßigen, marzipankartoffelig-satten Jahreszeit, in der die Kinder ihre schamlosen Wünsche mit dicken Filzern auf kilometerlange Wunschzettel krakeln und zum Beispiel „An das Christkind in 21709 Himmelpforten" oder „An den Weihnachtsmann in 31137 Himmelsthür" schicken, will auch ich es ausnahmsweise wagen, einen einzigen, einen winzigen Weihnachtswunsch zu äußern. Leider weiß ich im Gegensatz zur kindergarten- und grundschulbesuchenden Bevölkerung nicht so recht, an wen ich mein Begehr adressieren soll: An den dicken Mann mit der Rute konnte ich schon als Fünfjähriger nicht mehr glauben – unter anderem weil er damals am Heiligen Abend 1969 das gleiche urinige Aftershave benutzte wie Peter Kornrumpf, der damalige schmierige „Verlobte" meiner Tante Inge. Und von der absurden Behauptung, „31137 Him-

melsthür" wäre ein himmlischer Ort, bekomme ich zudem eine schwere eitrige Bronchitis. In diesem PLZ-Bereich kenne ich mich nämlich aus: Einige Jahre lang musste man Briefe an mich nach „31139 Ochtersum" beziehungsweise, um korrekt zu sein, „31139 Hildesheim" schicken, denn Ochtersum ist genau wie jenes obskure Himmelsthür nichts anderes als ein Ortsteil von Hildesheim.

Nun bin ich durchaus der Meinung, dass auch halbkatholische, niedersächsische Städte aus der 100 000-Einwohner-Kategorie ihren beschaulichen Reiz haben, aber jetzt mal unter uns: Wenn ich der fucking Weihnachtsmann wäre und es mich somit tatsächlich gäbe, wohnte ich sicherlich nicht in Hildesheim! Schon aus romantisch-ästhetischen Gründen. Nicht umsonst trägt die im Krieg fast komplett zerstörte und danach in der Nierentisch-Ära in einer Art Kachelfassaden-Trance und Zierbalkon-Rausch wiederaufgebaute Stadt den architektonischen Ehrentitel „Eisenhüttenstadt des Westens".

Außerdem gibt sich Hildesheim mit seinem angeblichen Mitbürger Santa Claus nur begrenzt Mühe und pflegt die Weihnachtsmann-Legende äußerst halb- bis viertelherzig. Zwar behauptet man jedes Jahr aufs Neue in Fernsehen, Funk und Druckpresse (und auch auf der eigenen Homepage www.hi-himmelsthuer.de), man sei stolz darauf, dass alladventlich über 40 000 Kinderwunschbriefe aus aller Welt „im Namen des Weihnachtsmannes" beantwortet würden, aber spröde, wie der Niedersachse ist, lässt er dabei keinerlei märchenhafte Atmosphäre aufkommen.

So sollte vor einigen Jahren das reale Postamt Himmelsthür abgeschafft und durch einen „Postshop" im örtlichen „Minimal-Markt" ersetzt werden. Als daraufhin Kinder den Fernsehsendern in die Kamera und den Printjournalisten in den Laptop jammerten, dass dann ja der Weihnachtsmann obdachlos wäre und niemand mehr ihre Briefe lesen würde, antwortete die Post sachlich, das „himmlische Postamt" Himmelsthür sei ja sowieso viel zu klein, um die Weihnachtspost zu bearbeiten, und deswegen geschehe dies schon lange in der Hildesheimer Hauptpost. Um die kühlschrankige Stimmung komplett zu machen, wurde auch noch betont, dass dort nicht etwa in einem Hinterzimmer der Weihnachtsmann bei Kerzenschein und Glockenklängen zwei Dutzend Elfen jovial herumkommandiere, sondern sieben gewerkschaftskumpelige – Zitat – „Postlerinnen und Postler" vor sich hin malochten und eigens zu diesem Zwecke vom inzwischigen „Postler a. D." Friedrich

Senf geschriebene Geschichten in die Antwortbriefe tüteten. Überhaupt sei Hildesheim-Himmelsthür (O-Ton Homepage) „die einzige Weihnachtspostfiliale, die ausschließlich von Postlern geführt wird. Die übrigen sechs im Bundesgebiet werden von Gemeinden, Banken oder Zeitungsverlagen unterstützt". Da kann man eigentlich nur sagen: Herzlichen Glückwunsch und danke für diese schizophrene, spaß- und illusionsmordende Info!

In bin mir ziemlich sicher, dass man Kinder genau so zu Bettnässern, Serienkillern und bildzeitungskompatiblen Kannibalen macht: Erst bringt man sie dazu, an den Weihnachtsmann zu glauben, ihm auch noch eigenhändig zu schreiben und dabei das Herz auszuschütten, dann aber schockt man sie gewissenlos mit entzaubernden Details über die Hildesheimer Weihnachtspostrealität zwischen Thermoskanne, Butterstulle und Stechuhr. Erschütternd!

Ach so, bevor ich's vergesse. Hier nun endlich mein Weihnachtswunsch. Is' nix großes, aber ausgesprochen dringend: Ich möchte bitte, bitte im nächsten Jahr keine Spam-Mails mit dem Betreff „Auch zu Weihnachten: Triefend nasse Moesen!" bekommen. Das würde mir schon sehr helfen, die Feiertage zu überstehen…

Ach, Tannenbaum

Käthe Lachmann

Weihnachten ohne Schnee alleine war ja schon schwierig, genauso wie ohne Baum. Nicht auszudenken, wie es ohne Schnee und ohne Baum sein würde! Mit dem Schnee, das konnte man ja nicht steuern. Aber einen Baum sollten wir irgendwie schon haben, fand ich.

Selbst Leute, die sich überhaupt nicht für Weihnachten oder irgendwelche anderen religiösen Feste interessierten, wollten Weihnachten einen Baum. Unsere Freunde etwa, Chris und Svenja, er Atheist, sie Agnostikerin, hatten Weihnachten immer einen kleinen Plastikbaum mit Lichterkette und extrem kitschigem Christbaumschmuck in ihrem Wohnzimmer stehen. Den Schmuck schickte ihnen jedes Weihnachten Chris' Tante aus Texas, und vielleicht sollten sie sich in Zukunft nicht mehr so überschwänglich dafür bedanken, schließlich ertrank das arme Bäumchen schon lange in glitzernden

Cheeseburgern, Einhörnern und VW-Bussen mit Glotzaugen.

Ich muss mich korrigieren: Irgendwas Besonderes mussten die beiden schon an Weihnachten finden, schließlich stand das Bäumchen nicht erst ab dem 24.12. in ihrem Wohnzimmer. Nein, es fristete sogar das ganze Jahr hindurch komplett geschmückt, aber mit ausgesteckter Lichterkette in einer Ecke des Wohnzimmers sein Dasein, nur um kurz vor dem Christfest hektisch abgeschmückt und entstaubt zu werden, damit sie es dann pünktlich an Heiligabend hingebungsvoll gemeinsam erneut mit Kitschigkeiten überschütten konnten.

Freundin Martha wollte aus Umweltschutzgründen keinen Baum, besaß aber ein dreidimensionales Metallgestänge in Tannenform, das sie alljährlich krampfhaft mit allem, was sie in ihrer Wohnung und auf Spaziergängen fand, zu verschönern versuchte. Es gelang ihr nur mittelmäßig.

Woher kam nur dieser übertrieben starke Wunsch nach einem Baum, den ich ja auch bei mir selbst ausmachte?

Es gab singende Weihnachtsbäume, Bäume aus Plastik zum Zusammenstecken und Menschen, die ihren Ficus Benjamin im Dezember mit Lichterkette, Lametta und Glaskugeln umfunktionieren. Ohne Baum schien es doch für viele schwierig zu werden.

Unsere Nachbarn, Rudi und Evi, beide schon älteren Semesters, wollten zum Christfest auch unbedingt einen Baum, allerdings einen künstlichen. Wir boten ihnen an, einen zu besorgen, einen besonders hübschen, echt aussehenden, natürlich. Im Baumarkt hatten wir Glück, es gab meterweise Bäume.

Mir war nicht wohl bei dem Gedanken, einen Baum aus Plastik zu kaufen. Plastik, das Teufelszeug, das wir Menschen leichtsinnig erfunden hatten, alles daraus hergestellt und zu spät gemerkt, dass wir es nun nicht mehr loswurden. Jetzt war es überall, und anstatt dass wir dafür sorgten, dass weniger Plastik in Umlauf kam, kauften wir einen Baum aus Plastik! Ausgerechnet einen Baum, das war ja, als würde man – es gab dafür keinen Vergleich, das war schon das Schlimmstmögliche.

Als ich meinem Freund gegenüber meine Bedenken äußerte, sagte er nur, was ich mir auch schon so gedacht hatte: „Sie sind alt, sie wollen keine nadelnde Tanne, bei der sie immer wieder jemanden bitten müssen, sie zu besorgen, aufzustellen und im Januar wieder zu entsorgen. Für sie ist das einfach praktischer. Mit einem kleinen Kunststoff-Baum können sie selbst hantieren, wie sie möchten. Vielleicht finden wir ja sogar einen mit eingebauter Lichterkette." Eingebaute Lichterkette, schon irgendwie sehr artfremd. Aber klar, wenn man den Baum einfach nur einstecken musste, war das irre praktisch. Es klang dennoch seltsam: Den Baum einstecken.

„Und wann kaufen wir unseren Baum?"

Ferdinand seufzte. „Dieses Jahr geht das echt nicht, Süße. Ich dachte, wir wären uns da einig. Zu gern hätte ich auch einen, wüsste aber wirklich nicht, wo wir ihn hinstellen sollten."

Obschon mir klar war, dass er recht hatte, krampfte sich mein Herz zusammen. Weihnachten ohne Baum, das war wie ein Baum aus Plastik!

„Außerdem wollen wir doch nicht schuld daran sein, dass wieder ein Baum gefällt wird, nur um wenige Wochen im Wohnzimmer zu verbringen und dann ohne Nadeln auf die Straße geworfen zu werden." Das war ein schwacher Trost.

Aber Ferdinand hatte recht, wir mussten dieses Jahr auf einen Baum verzichten: Ausgerechnet im November war ein Rohr in unserem Haus geplatzt und die Bewohner aller Wohnungen mussten von der Genossenschaft für mindestens zwei Monate umgesiedelt werden, damit alles repariert werden konnte. Wir würden aus unserer kleinen Dreizimmerwohnung vorübergehend in eine winzige Zweizimmerwohnung ziehen müssen, und als wir die Wohnung angesehen hatten, waren wir beide zu dem Schluss gekommen, dass wir wohl dieses Jahr keinen Weihnachtsbaum haben würden. Weil sonst einer von uns draußen bleiben müsste, und da wollten wir doch lieber zu zweit, aber ohne Baum feiern.

Nun gab es ja eigentlich noch die Gelegenheit, bei unseren Eltern zu feiern, die jeweils einen großen Baum in ihrem Wohnzimmer stehen haben würden. Meine wohnten aber zu weit weg und waren über das Christfest verreist, und Ferdinand wollte sich „das Weihnachtsfest nicht mit einem Besuch bei meinen Altvorderen verderben".

„Gut, dann eben ohne Baum. Wir können uns ja ein Lagerfeuer auf den Bildschirm laden, das wird auch muckelig", versuchte mein Freund mich aufzubauen.

„Und ein ganz winziger?", jammerte ich.

„O.k. Wir gucken mal im Blumenladen."

Es gab kleine, gerade mal 25 Zentimeter hohe Bäumchen, die aber nicht das ersetzen konnten, was wir uns vorstellten. Kopfschüttelnd verließen wir den dritten Pflanzenladen und suchten nicht weiter.

Für Rudi und Evi hatten wir also einen Baum mit integrierter Lichterkette zum Einstecken gekauft, und wir fanden beide, dass er, wenn man nicht ganz nah davorstand, ziemlich realistisch aussah. Und für ein vollkommenes Baumgefühl holten wir im Drogeriemarkt noch Raumspray mit Latschenkiefernduft. Wenn schon künstlich, dann richtig, waren wir uns einig.

Als ich meiner Mutter am Telefon davon erzählte, schien sie richtig begeistert: „Ach, direkt zum Einstecken, das ist ja toll!" Ich hörte, wie sie meinem Vater zurief: „Werner! Die Kinder haben für ihre Nachbarn einen wiederverwendbaren Baum gekauft, so einen möchte ich auch nächstes Jahr!" Ich brauchte eine ganze Zeit, bis ich meine Mutter überzeugt hatte, dass richtig wiederverwenden anders ging, dass es auch Bäume im Topf gab, die das Jahr über eingepflanzt waren, zu Weihnachten eingetopft und zu einem nach Hause gebracht wurden, um dann im Januar wieder abgeholt und erneut eingepflanzt zu werden.

Meine Eltern waren wohl mit Ferdinands Mutter in Kontakt gewesen, und dieses Mal mussten sie sich über Plastikbäume unterhalten haben. Als nämlich seine Mutter, aufgeregt wie immer, bei uns anrief, um sich nach dem Stand unseres „unseligen Umzugs" zu erkundigen, fragte sie auch gleich, ob wir nun etwa auch einen künstlichen Baum haben würden. „Nein, Mutter", seufzte Ferdinand, „gar keinen. Die Wohnung ist echt miniklein." Auf ihr „Man könnte doch" und „Wollt ihr nicht" ging Ferdinand gar nicht groß ein. Erleichtert legte er auf. „Jetzt noch einmal zu Weihnachten telefonieren, dann erst wieder nächstes Jahr", freute er sich. Seine Mutter war wirklich anstrengend.

Das Weihnachtsfest rückte immer näher, ab und zu tanzten sogar ein paar dicke Flocken durch die Straßen, und wehmütig, wie mir schien, sah mein Liebster Familienvätern hinterher, die riesige Tannenbäume nach Hause schleppten, Kinder und Ehefrauen neben sich, die die Schönheit und den guten Wuchs ihres Baumes lobten.

„Sollen wir nicht doch vielleicht einen ganz kleinen …", begann mein Freund, und ich schüttelte den Kopf.

Inzwischen waren wir in unserer Übergangsbleibe und freuten uns, dass immerhin der Fernseher und drei große Koffer zwischen die Möblierung gepasst hatten sowie unsere Computer, außerdem ein paar

Topfpflanzen. Schließlich kamen wir jetzt erst einmal wochenlang nicht in unsere Wohnung.

Aber, das hatte ich heimlich ausgemessen, wenn man die Kommode neben der Terrassentür ein kleines Stück nach rechts schieben würde, würde dort ein kleines Bäumchen gerade so noch hinpassen. Und das hatte ich trotz allem bestellt. Im Topf. Es würde am Morgen von Heiligabend geliefert und am zehnten Januar wieder abgeholt. Ich war mir sicher, dass Ferdinand sich sehr über die Überraschung freuen würde, und musste bis dahin lediglich aufpassen, dass ich mich nicht verplapperte.

Am 23.12. war ich sehr aufgeregt. Nachmittags sollte der Baum geliefert werden und ich drängte Ferdinand nach unserem Supermarktbesuch nach Hause. Als es gegen halb drei klingelte, stand ein Bote mit „Lilly", wie ich dem Namensschild entnehmen konnte, vor der Tür. Lilly war ein hübsches, etwas über ein Meter hohes, gut gewachsenes Bäumchen. Es würde ganz prima neben die Balkontür passen! Freudestrahlend rief ich Ferdinand und präsentierte ihm seine Überraschung. Der schien allerdings überhaupt nicht erstaunt zu sein, im Gegenteil, er sah mich erwartungsvoll an. „Na?", fragte ich, aber: „Freust du dich?", fiel er mir ins Wort, bevor ich weitersprechen konnte.

Da klingelte es noch einmal und ein anderer Lieferant stand mit zwei weiteren Bäumen im Topf vor der Tür, ähnlich groß wie „Lilly". Es waren „Elvis" und „Ricky", wie sich schnell herausstellte, ein Geschenk jeweils von Ferdinands und meiner Mutter. „Das kommt, äh, unerwartet", seufzte mein Freund und ließ mich wissen, dass „Lilly" eine Überraschung von ihm war. „Weil du doch so gelitten hast und ich dachte, es passt gerade so …"

„Neben die Balkontür, ja", ergänzte ich und gab ihm seufzend einen Kuss.

Weil jetzt eh schon alles egal war, erzählte ich von meiner Überraschung, und wir beide hofften, dass dieser Baum vergessen worden war.

Als wir einen Baum auf dem Balkon, einen in der Dusche und einen, „Lilly", auf dem Platz neben der Balkontür untergebracht hatten, klingelte es abermals. Wir sahen uns an.

„Vielleicht machen wir einfach nicht auf?", brach es aus dem verzweifelten Ferdinand heraus.

„Wo Platz für drei ist, ist auch Platz für vier", erwiderte ich und öffnete die Tür.

Wir quetschten „Robbi" zu „Ricky" auf den winzigen Balkon und wollten gerade anfangen, „Lilly" zu schmücken, als mir einfiel: „Wir haben keinen Schmuck, oder hast du den mitgenommen?"

Ferdinand starrte mich entgeistert an. „Ich dachte, du nimmst den mit!"

Wir fielen uns lachend in die Arme. „Keinen Platz für einen Christbaum, dafür einen Weihnachtswald ohne Schmuck – das muss man erst einmal hinkriegen!"

Der etwas andere Weihnachtsmann

Rainer Lewandowski

Alles würde schön werden. Langsam wurde er vorwärtsgeschoben. Ihm gefiel die Ummantelung, die er um seinen braunen Leib zu erwarten hatte. Der bodenlange rote Umhang, der leuchtende, flauschige Saum um die schwarzen Stiefel, der kuschelige weiße, schön lange Schal, der vorn an ihm herunterhängen sollte und um den Hals einen dichten Schutz gegen die Winterkälte bildete. Die großen Handschuhe, ebenfalls schneeweiß, mit denen seine Hände den braunen Jutesack hielten, der über Schulter und Rücken getragen wurde, dicht neben der dreieckigen Zipfelmütze mit der schweren Bommel, die aussah wie ein fetter Schneeball.

So sollte er aussehen. So wollte er aussehen. Wie all die anderen, die neben, vor und hinter ihm langsam vorwärtsgeschoben wurden bis hin zur Umhüllungsstation.

Er würde einer der Ersten sein. Wenige vor ihm wa-

ren schon fertig. Prächtig sahen sie aus, würdig, ja, sogar ein wenig majestätisch.

Eine schöne Zeit lag vor ihm. Die Kinder, selbst die Erwachsenen, die ja auch einmal Kinder gewesen waren, würden sich über ihn freuen, sie würden lachen und strahlen über das ganze Gesicht. Weihnachten!

Hoffnungsvoll schaute er in seine Zukunft. Er hatte ein gutes Gefühl. Ihm war, als wäre er ein kleines bisschen stolzer auf sein künftiges Aussehen als all die anderen, und er nahm sich vor, allen, die ihn sehen würden, besonders viel Freude zu schenken.

Es machte ihm gar nichts aus, nur einer von vielen zu sein, die bald angekleidet werden sollten oder schon rot verpackt waren. Er spürte: Er würde etwas Besonderes sein.

Seine Aufregung wuchs. Gleich war er an der Reihe, dann schmiegte sich endlich die rote Schutzfolienkleidung um seinen Körper …

Da – plötzlich und unerwartet – ruckte es, hakte, zuckte, staute, zog und riss, stoppte und klemmte, hing und stockte, aber noch bevor er wusste, was geschehen war, schob es ihn weiter. Der Vorwärtslauf des Förderbandes war unaufhaltsam.

Er schaute erst links an sich herunter. Prächtig. Mein

Rot strahlt besonders schön, dachte er.

Dann schaute er rechts – o Schreck! Was war das?

Braun! War sein roter Mantel schon verschmutzt?

Unansehnlich? Und das ihm? Gerade ihm?

Und noch etwas!

Nein!

Doch!

Er trug keinen Handschuh – da war eine Pfote! Und sein Geschenkesack war kein Sack! Es war eine Kiepe mit bunten Eiern! Was hatte das denn mit Weihnachten zu tun?

Er war verunsichert.

O weh! Was sollte das für ein Weihnachten werden … Ein Weier-nachten?

Allmählich dämmerte ihm, was geschehen war: Offenbar hatte sich eine Verpackungsfolie der vorausgegangenen Produktion von Osterhasen in der Maschine verklemmt, sich nun ausgerechnet bei ihm gelöst und war zwischen die Folien für die Weihnachtsmänner gerutscht. Und nun sah er rechts aus wie ein Weihnachtsmann und links wie ein Osterhase. Aus der Zipfelmütze war ein Hasenohr geworden. Und die ersehnte weiße Bommel ein grünes Osterei. War er nun ein Weihnachtshase? Oder ein Ostermann?

Er ärgerte sich.

Er schämte sich.

Was war er?

Er konnte nicht lange darüber nachsinnen, da wurde er von einem kalten Greifer gepackt, schwebte gemeinsam mit einigen Kameraden in die Höhe, schwenkte nach rechts und fiel unsanft in einen Karton mit den neunzehn anderen, die alle offenbar korrekt gekleidete rot-weiße Schoko-Weihnachtsmänner geworden waren.

Er wollte sich bemerkbar machen, da wurde es dunkel – der Karton war zu. Deckel drauf. Nacht!

Der Transport erfolgte meistens nachts. Man sah sich nicht, fühlte nur, dass der Nachbar noch da war. Es war zwar eng, aber man wusste, man war in dieser Lage nicht allein.

Es rüttelte und schüttelte ihn noch ein paarmal, er stieß mehr oder minder heftig mit seinen Kollegen zusammen. Hoffentlich war nichts gebrochen, gesplittert oder gar gekrümelt.

Dann herrschte Ruhe.

Schweigen und Dunkelheit.

Sie hörten über lange, lange Zeit ein monotones Brummen. Alle wussten: Es ging ihrer Zukunft entgegen. Seine einst flammende Freude über sein Dasein war gewichen. Stattdessen: beunruhigende Gefühle der Ungewissheit. Und gerade jetzt traf ihn diese Empfindung, wo er doch so anders aussah …

Plötzlich schlug sein Transportkarton heftig auf. „Au!", riefen zwei Kollegen. „Mein Arm!" – „Mein Bauch!"

Die haben sich was gebrochen, dachte er sich. Pech für die beiden. Die sind jetzt beschädigt. Ausschuss! Nichts mehr wert. Herrje, was wird mir auf meiner Reise noch alles zustoßen?, fragte er sich beunruhigt.

Nach einer sehr langen Weile verebbte das Gebrumm des Motors. Ein lautes Klappern ertönte, irgendetwas schlug furchteinflößend an irgendetwas hart an. Alle erbebten, und eine raue Stimme rief: „Die dahinten, die müssen hier als Erstes raus. Ja! Die! Tempo, Tempo, Tempo! Zeit ist Geld!"

Das erschütterte ihn. Als Weihnachtsmann in spe hatte er von einem geruhsamen, fröhlichen, friedfertigen, stimmungsvollen Lichterfest unter einem erstrahlenden, bunt geschmückten Tannenbaum gehört. Alle sollten sich darauf freuen, und auch darauf, wie die Kinder sie mögen und bewundern würden.

Und jetzt stattdessen: „Zeit ist Geld! Ich muss weiter! Die andern warten schon."

„Hau es erst mal draußen hin. Wir holen es dann später rein. Danke und tschüs!"

Das Motorengeräusch begann wieder, heulte zweimal kurz auf und entfernte sich hörbar. Als es immer leiser wurde, schlich sich unter den dicht gedrängt stehenden Figuren eine ungewisse Furcht ein. Was würde werden, was kommen, was mit ihnen geschehen?

„Und was ist, wenn uns etwas passiert?", fragte einer der Weihnachtsmänner halblaut in die Finsternis des Kartons.

„Dann kommen die Retter und bringen uns in Sicherheit. So war das mit meinem Bruder aus derselben Schokomasse auch. Stell dir einfach vor: Der ist hoffentlich schon am Ziel!", antwortete ein anderer aus dem Dunkel der Kartonnacht.

Einige Minuten herrschte Reglosigkeit.

Dann wurden sie hochgerissen, alle kippten aufeinander, auf die linke Seite, klappten aber sofort wieder nach rechts, anschließend ging es rhythmisch wippend weiter. Alle wiegten und wogten hin und her, mal nach links, mal nach rechts, mal auf, mal nieder, mal quer in beide Richtungen.

Er schwankte und wankte, dass ihm schwindelig wurde. So muss sich die Schwankkrankheit anfühlen, dachte er, oder die ‚Seekrankheit', wie die Menschen sagen.

„Wo soll der Karton hin?", fragte draußen jemand gleichgültig.

„Vorne an die Kasse!", antwortete eine helle Stimme.

„Gleich an die Kasse damit. Die Nachfrage ist groß, und die fehlen hier schon lange."

Wow! Das klang Optimismus und Mut machend. Freundlich: Nach all den Strapazen würde nun doch noch alles gut werden.

Licht! Der Deckel war weg.

Im ersten Moment blendete sie gleißende Helligkeit. Neonlicht-Leisten an einer Raumdecke.

Ein schneidendes Ritschen, und die sie schützende Kartonwand war an drei Seiten abgeschnitten. Nun prangten sie alle in ihren roten Mänteln im sie noch immer ein wenig blendenden Licht der riesigen Deckenleuchten.

„Schön! Mama, schau mal! Weihnachtsmänner!", rief eine Kinderstimme.

„Jetzt gibt's noch keinen", war die knappe Antwort. „Ist doch noch viel zu früh im Jahr. Es wird jedes Mal früher!"

Und so schien es auch zu sein. Es hieß nun warten, warten, warten. Nur selten wurde ein Kamerad in die ersehnte Freiheit mitgenommen. Aber immerhin: Endlich mehr Platz für jeden!

Durch gelegentliches Anrempeln von höheren Warengegenständen gelang es dem einen oder anderen, sich im Schwung des Anstoßens ein wenig zu drehen. Es begann regelungerecht ein kleiner Wettbewerb: Wer präsentiert sich am vorteilhaftesten von seiner schönsten Seite?

Hatte ein Kollege Erfolg und wurde auf das Transportband der vielen Waren gelegt, belohnte ihn ein kurzes, aber entschiedenes „Püp!". Aber es blieb keine Zeit, den Erfolg zu genießen, denn schon wurde die nächste Ware „bepüpt".

Püp! Camembert.

Püp! Buttermilch.

Püp! Zitronen.

Püp! Margarine.

Püp! Essig.

Püp! Öl.

Püp! Karotten.

Püp! Blumenkohl.

Püp! Briefumschläge.

Püp! Lebkuchen.

Nur selten gelang es einem Kollegen, ein „Püp" für sich selbst zu bekommen.

Nach einigen Tagen lichteten sich ihre Reihen allmählich.

Er stand jetzt ziemlich frei und leider mit der Breitseite nach vorn. „Was ist denn das für einer!", hörten die Weihnachtsmänner plötzlich eine Stimme rufen. „Ein brauner Weihnachtsmann mit Fell?!"

„Quatsch! Der ist doch rot!", entgegnete eine andere Stimme.

„Nein, braun!"

„Nein, rot!"

„Kinder … Streitet nicht! Der ist beides. Schaut mal." Und die Mutter ergriff ihn, hob ihn aus dem Karton und aus dem Schutz der anderen, drehte ihn hin und her. „Seht ihr? Bei dem stimmt etwas nicht. Der gehört gar nicht hierher. Der ist fehl am Platz in diesem Karton." Damit warf die Mutter ihn verächtlich zurück in die Schachtel.

Die Kinder verlachten ihn, als sie fortgingen, und auch seine Kameraden waren auf einmal voller Häme. Zugleich freuten sie sich aber auch, denn ihnen war deutlich geworden, dass durch sein Anderssein ihre eigenen Chancen zu gefallen gestiegen waren. Sie rückten von ihm ab.

„Was ist denn?", fragte er. „Es ist doch nicht meine Schuld, dass ich anders aussehe. Außerdem: Was ist denn so verwerflich daran?"

„Du siehst eben anders aus!"

„Fremd!"

„Das sind wir alle nicht gewöhnt!"

„Das stößt ab!"

„Aber ich bin doch aus der gleichen Schokolade wie ihr!", wehrte er sich verzweifelt.

„Das tut nichts. Du siehst anders aus."

„Und außerdem bist du einfach lächerlich. Ein Osterhase mit Weihnachtsmannmantel!"

„Oder ein Weihnachtsmann mit Hasenfell!"

„Auch nicht besser!"

Je mehr die anderen ihn verlachten, desto stiller wurde er. War er denn wirklich weniger wert als die anderen? Nur wegen einer anderen Verpackung? Nur weil etwas an ihm ungewohnt war? Er trug doch keine Schuld an seinem befremdlichen Aussehen.

Er machte sich große Sorgen.

Außerdem bestand für ihn noch die Gefahr, dass er einfach wieder zur Fabrik zurückgeschickt wurde.

Oder weggeworfen. Unbrauchbar wie Abfall.

Warum gibt es denn überhaupt all das ‚Fremde'?, dachte er. Ist nicht jeder dem andern zunächst fremd? Sind wir im Innern nicht alle dieselben Weihnachtsmänner?

Während er betrübt über sein Schicksal nachsann, hob ihn eine kleine Hand aus dem Karton. „Sieh mal, Mama", rief ein zartes Stimmchen begeistert.

„Ein Weihnachtsmann. Na und?", sagte die Mutter.

„Und so herum, Papa?"

„Ein Osterhase. Na und?"

„Und!?", antwortete das Stimmchen belustigt und heiter, und das Kind drehte ihn fortwährend hin und her. „Seht: ein Osterhase und ein Weihnachtsmann. So herum: ein Weihnachtsmann und ein Osterhase. Oder so herum: ein Ostermann und ein Weihnachtshase! Der ist etwas ganz Besonderes! Den will ich unbedingt haben!"

„Den gibt's zum halben Preis", sagte der Kassierer.

„Der passt gar nicht zu den anderen. Weder zu denen noch zu jenen. Halber Preis. Höchstens! Einverstanden?"

„Au ja! Bittebittebitte …"

Und dann bekam auch er endlich sein „Püp!".

Alles würde also doch noch schön werden. Schön und vor allem gut.

Er wollte sich die Person, die ihn offenbar mochte, wie er war, gerade genau ansehen und dankbar lächeln – da verschwand er wieder im Dunkeln, mitten hinein in die große Einkaufstasche mit all den anderen „Püp!"-Einkäufen.

Er schluckte. War die gute Hoffnung doch nur Illusion?

Immerhin war ihm bisher eines erspart geblieben: Er hatte gesehen, dass einige nach ihrem „Püp!" sofort entkleidet wurden und Mütze oder Stiefel hergeben mussten, um auf der Stelle vernascht zu werden. Nach solchen Anfängen war der Rest der Schokoladenkörper dann sicher auch bald verspeist...

Immerhin – im Dunkeln der Tasche, eingekeilt zwischen Butter, Käse und Zündhölzern, blieb er erst einmal unversehrt. Oder doch nicht? Da griff nämlich eine kleine Hand an dem Käse vorbei und zog ihn an einer Butterpackung und Zündhölzern vorbei ans Tageslicht.

Kühl war es auf einmal, aber das tat ihm gut. Besser, als unter der warmen Sonne wegzuschmelzen.

„Den behalte ich in der Hand. Der ist so süß!", sagte das Mädchen.

„Kein Wunder", scherzte der Vater, „er ist ja auch aus Schokolade!"

„Ihr wisst, was ich meine", konterte die Kleine. „Er ist etwas Einzigartiges. Einfach besonders. Von dem habe ich lange was."

„Du meinst", sagte der Vater, „die ganz normalen

Weihnachtsmänner sind nach dem Fest weg, und nach Ostern sind die ganz normalen Osterhasen weg."

„Genau! Diesen hier drehe ich einfach herum. So herum Weihnachten, so herum Ostern. Und dann wieder Weihnachten, Ostern, Weihnachten, Ostern… Ist das nicht toll?"

„Ist es", erkannte nun auch die Mutter.

„Du hast recht", bestätigte der Vater. „Da denkt man erst: ,Was ist denn das für einer?' Und dann…"

Und dann steckte das Mädchen den mit dem roten Mantel und dem braunen Fell in ihre kleine Manteltasche, so, dass er nicht fror, aber doch noch herausschauen konnte in eine besondere Zukunft, eine, die er ohne sein Anderssein nicht gehabt hätte.

Schenken

Joachim Ringelnatz

Schenke groß oder klein,
aber immer gediegen.
Wenn die Bedachten die Gaben wiegen,
sei dein Gewissen rein.

Schenke herzlich und frei.
Schenke dabei, was in dir wohnt
an Meinung, Geschmack und Humor,
sodass die eigene Freude zuvor
dich reichlich belohnt.

Schenke mit Geist ohne List.
Sei eingedenk,
dass dein Geschenk
du selber bist.

SMART

Analoge Weihnachten

Hagen Haas

Heiligabend, 13.00 Uhr

Karl und Gisela biegen in den Wichtelweg ein. Sie wollen ihre Tochter Melanie und deren Familie besuchen, um gemeinsam Weihnachten zu feiern. Erst vor einem halben Jahr sind sie selbst hier ausgezogen, in eine kleinere Stadtwohnung, um das große, alte Haus den nachfolgenden Generationen zu überlassen. Doch als Karl vor dem Grundstück anhält, traut er seinen Augen nicht.

„Ist der Cola-Weihnachtstruck in unser Haus gerast?", fragt er entgeistert.

Aus dem Vorgarten und von der Fassade blinkt und leuchtet es in allen Farben des Regenbogens.

Gisela versucht zu beschwichtigen: „Es ist nicht mehr unser Haus. Sie können es schmücken, wie es ihnen gefällt!"

„Ja, schon, aber ..."

Karl steigt aus und lässt seinen Blick ungnädig über blinkende Nikoläuse, Rentiere, Weihnachtsbäume und Lichterketten schweifen. Gisela holt unterdessen aus dem Kofferraum die Geschenke und drückt sie ihrem Mann in die Hand. „Hier, mach dich mal nützlich!"

Als die beiden durch den Vorgarten auf die Vordertür zusteuern, wird diese bereits von den Enkeln geöffnet. Der neunjährige Max fällt seiner Oma um den Hals, während die vierzehnjährige Nele mit Blick auf die Geschenke vor allem interessiert: „Ist da mein neues Smartphone bei? Das ich mir gewünscht hab?"

„Das sehen wir, wenn Bescherung ist!", lacht Gisela. Unterdessen sind auch Tochter Melanie und ihr Mann Oliver in der Haustür erschienen.

„Na, was sagst du?", strahlt er seinen Schwiegervater an.

„Ich nehme an, unser… ähm… euer Haus ist jetzt aus dem All zu sehen", entgegnet Karl trocken und fängt sich dafür einen strafenden Blick von Gisela. Doch Oliver lacht nur gut gelaunt. „Und das Beste ist: Das ist alles an unser Smart Home angeschlossen!" Damit wendet er sich nach drinnen und ruft: „Eva! Außenbeleuchtung aus!"

Tatsächlich gehen alle Lichter mit einem Schlag aus. „Wer ist Eva?", will Karl irritiert wissen.

Oliver lächelt stolz: „Unser Electronic Voice Assistant."

Er ruft nach drinnen: „Eva! Außenbeleuchtung an!",
und es strahlt und blinkt wieder.

Karl liegt ein bissiger Kommentar auf der Zunge,
doch Gisela ist schneller: „Na, ihr seid ja modern!
Aber jetzt will ich den Weihnachtsbaum sehen.
Zeigst du ihn mir, Max?"

„Jaaa!", ruft Max und alle gehen hinein.

Heiligabend, 14.00 Uhr
Max' erste Begeisterung über Oma und Opa ist ver-
flogen und er hat sich ins Wohnzimmer zurückgezo-
gen, wo er auf der am großen Fernsehbildschirm
angeschlossenen Spielkonsole zockt.

Melanie hat dazu entschuldigend erklärt: „An Heiligabend ist er sonst so aufgeregt und nervt die ganze
Zeit, wann endlich Bescherung ist. Deshalb lassen
wir ihn heute ein bisschen mehr spielen als sonst."

Auch Nele widmet ihre Aufmerksamkeit einem Bildschirm, sie chattet auf ihrem Handy mit ihren Freun-
dinnen. Oliver demonstriert unterdessen Karl
sämtliche Funktionen des Smart Homes, in das er die
alte Vorstadtvilla im letzten halben Jahr verwandelt
hat. Man kann alles mithilfe von Handys, Tablet-
PCs oder natürlich von Eva automatisch steuern: die
Rollläden, das Garagentor, die Heizung, das Licht

und alle elektrischen Geräte inklusive des Herdes. Vernetzte Rauchmelder im ganzen Haus und Überwachungskameras, die den Garten in HD-Qualität beobachten, sorgen für ein Mehr an Sicherheit. Außerdem wird überwacht, ob die Türen und Fenster geschlossen sind, ebenso wie der Füllstand des Kühlschranks – worauf Oliver besonders stolz ist.

„Wir machen gar keine handschriftlichen Einkaufszettel mehr. Unser Smart Home merkt sich selbst, was besorgt werden muss, und schickt uns dann die Liste direkt aufs Handy."

Karl nickt zurückhaltend, während er misstrauisch den Staubsaugroboter beäugt, der soeben um eine Ecke biegt.

Oliver fährt fort: „Und jeden Morgen um Punkt sieben geht die Kaffeemaschine an. Automatisch! Wenn wir runter in die Küche kommen, ist der Kaffee schon fertig!"

„Aber ihr trinkt ihn schon noch selbst, ja?", erkundigt sich Karl. „Oder habt ihr dafür auch eine smarte Lösung?"

Oliver lacht amüsiert auf. Da gibt sein Handy einen Signalton von sich. Er checkt das Display.

„Oh, die Basisstation findet die Weihnachtsbaumbeleuchtung nicht. Moment, das muss ich schnell fixen!"

Heiligabend, 15.00 Uhr

Auch nach einer Stunde hat Oliver das Problem noch nicht behoben. Er tippt und scrollt auf seinem Smartphone herum, ebenso wie Nele, die immer noch auf ihrem chattet. Karl hat sich eine Weile die Zeit damit vertrieben, Max beim Videospielen zuzusehen. Doch durch die hektischen Bewegungen auf dem Bildschirm ist ihm schließlich übel geworden. Nun steht er an der großen Fenstertür und schaut in den Garten hinaus, wo ein einsamer Rasenmähroboter einem verborgenen Algorithmus folgend im Zickzack umherkriecht.

Gisela ist unterdessen bei ihrer Tochter in der Küche. Weil Enkelin Nele seit dem Sommer Vegetarierin ist, wollte Melanie dieses Jahr einen vegetarischen Hackbraten ausprobieren. Doch der smarte Kühlschrank hat nicht erkannt, dass das Verfallsdatum der Crème fraîche abgelaufen ist. Nun sucht Melanie auf dem Tablet-PC Alternativrezepte ohne Crème fraîche. Dabei unterhält sie sich mit Eva.

„Eva, haben wir italienischen Hartkäse im Kühlschrank?"

„Nein, im Kühlschrank befindet sich kein italienischer Hartkäse."

„Manno, schade."

„Ja, im Kühlschrank befindet sich Marmelade."

„Die kann ich nicht brauchen."

„Haben Sie gefragt, ob man Marmelade rauchen kann?"

„Nein, Eva. Haben wir saure Sahne im Kühlschrank?"

„Ja, im Kühlschrank befindet sich – ein – Becher saure Sahne."

„Und Meerrettich?"

„Wollen Sie, dass ich mehr Rettich auf die Einkaufsliste setze?"

„Nein. Ich will wissen, ob wir Meerrettich im Kühlschrank haben …"

Gisela mischt sich hilfsbereit ein: „Brauchst du Hilfe, Schatz?"

„Nein danke, Mama. Ich und Eva haben alles im Griff!"

Heiligabend, 16.00 Uhr

Melanie debattiert immer noch mit Eva über das alternative Heiligabendessen. Gisela hat sich zu den anderen ins Wohnzimmer gesellt. Doch weder Nele noch Oliver waren willens und in der Lage zu analoger Konversation. Nele chattet weiterhin, Oliver hat zwar das Problem mit der Weihnachtsbaumbeleuchtung gelöst, aber jetzt kann er das Soundsystem nicht mehr anwählen und hat sich deshalb zu einem kompletten Systemcheck entschieden. Nur Max war bereit, sich mit Oma zu unterhalten, allerdings ohne dabei den Blick vom Fernseher zu nehmen. Er hat ihr ausgiebig erklärt, wie viele Gamecredits er noch braucht, bis er das nächste Level erreicht und dann seinen Pulsblaster zu einer Railgun upgraden kann. Gisela hat eine Weile lang versucht, Interesse zu zeigen, doch nun steht sie neben Karl und schaut in den winterlichen Garten, wo gerade wieder einmal der Mähroboter vorbeikriecht.

„Früher war Weihnachten irgendwie gemütlicher", stellt sie bedauernd fest.

„Vor allem war es analoger", bestätigt Karl, während er seinen Blick über die Enkel und den Schwiegersohn wandern lässt, die alle in den eigenen Bildschirm vertieft sind.

Aus der Küche hört man: „Eva, nenne mir Rezepte mit den Zutaten, die wir im Kühlschrank haben."

„Sehr gerne. Ich habe – eintausendsiebenhundertachtunddreißig – Rezepte gefunden."

In dem Moment bemerkt Oliver, dass Opa und Oma etwas verloren am Fenster stehen.

„Wollt ihr es euch nicht schon mal am Kamin gemütlich machen?", schlägt er wohlwollend vor. „Ich mach ihn euch schnell an!"

„Ja, gerne", bedankt sich Gisela. Doch als die beiden auf dem niedrigen Sofa vor der Feuerstelle Platz nehmen, stellt Karl verwundert fest: „Was macht denn der Bildschirm da mitten im Kamin?"

„Moment!", erklärt Oliver und drückt auf seinem Handy herum. Der Bildschirm springt an und prasselnde Flammen erscheinen darauf: „Voilà!"

Karl und Gisela wenden sich entgeistert zu ihrem Schwiegersohn um.

„Praktisch, oder?", stahlt der. „Und macht auch nicht so viel Dreck und Rauch wie ein echtes Feuer!" Damit vertieft er sich wieder in seinen eigenen Bildschirm.

Karl und Gisela schauen ratlos in das digitale Feuer. „Und jetzt?", fragte er.

Sie zuckte die Schultern. „Brauchen wir ein Weihnachtswunder."

Heiligabend, 17.00 Uhr

Eine Katastrophe biblischen Ausmaßes ist über das Haus im Wichtelweg hereingebrochen: Der Strom ist ausgefallen – und mit ihm wurde das gesamte Smart Home lahmgelegt. Nichts geht mehr! Die bunten Lichterketten am Weihnachtsbaum und vor dem

Haus sind ebenso verloschen wie das falsche Feuer im Kamin. Max ist den Tränen nahe, weil er gerade kurz davor war, ein Level aufzusteigen, als der Fernseher und seine Spielkonsole plötzlich ausgingen.

Einzig ein paar Handys, ein Tablet-PC und Eva, die ebenfalls einen eingebauten Akku hat, sind noch nicht tot. Doch Eva findet weder Netz noch den Kühlschrank, den Herd oder die Heizung und gibt deswegen nur hilflose Fehlermeldungen zum Besten, bis Oliver sie endlich ausschaltet. Dann versucht er, den Notdienst des Stromanbieters zu erreichen. Die Nachbarn haben zwar noch Strom, wie man an ihren erleuchteten Fenstern sieht, aber dennoch muss das Problem außerhalb des Smart Homes liegen, denn im Hauptverteilerkasten ist keine einzige Sicherung rausgeflogen. Während Oliver zunehmend genervt in einer Dauerwarteschleife hängt, bricht zwischen Max und Nele Streit aus. Max will Neles Handy zum Spielen benutzen, doch sie verteidigt ihre einzige Verbindung zur Außenwelt vehement gegen ihren kleinen Bruder. Melanie überlässt Max schließlich ihren Tablet-PC. Sie hat zwar immer noch kein passendes Rezept für den vegetarischen Weihnachtsbraten, doch ohne Evas Hilfe ist in dem Smart Home sowieso nicht an Kochen zu denken.

Nur Gisela und Karl gehen pragmatisch mit der Situation um. Sie finden im Gartenschuppen neben Kerzen sogar eine alte Öllampe und einen Rest Lampenöl. Damit erhellen sie das Wohnzimmer und die Küche spärlich, sodass man wenigstens nicht alleine auf das bläuliche Leuchten der verbliebenen Bildschirme angewiesen ist.

Heiligabend, 18.00 Uhr

Die Nerven liegen blank. Neles Handyakku ist leer und Olivers auf acht Prozent. Außerdem hat er immer noch keinen Mitarbeiter des Stromanbieters an die Strippe bekommen. Während Nele nun Max den Tablet-PC streitig macht, stellt Oliver wutentbrannt fest, dass irgendwer seine Powerbank benutzt und dann nicht wieder neu aufgeladen hat. Nele und Max unterbrechen ihren Streit, um die Schuld auf den jeweils anderen zu schieben.

Melanie ist den Tränen nahe. Das ist das schrecklichste Weihnachten aller Zeiten! Und jetzt beginnt es auch noch, kalt im Haus zu werden, weil die Heizung des Smart Homes ohne Netzwerk den Dienst versagt. Einzig der Staubsaugroboter scheint über eine autarke Steuerung zu verfügen, denn er geht in dem ganzen Durcheinander stoisch seiner Arbeit nach.

Nun reicht es Gisela und sie spricht ein Machtwort: „Karl, raus in den Garten, Feuerholz hacken! Nimm Nele mit, sie soll dir helfen! Oliver, bring die Sachen aus dem Kühlschrank auf die Terrasse, damit sie kalt bleiben! Melanie, hilf mir, den Fernseher aus dem Kamin zu räumen!"

„Und was soll ich machen?", erkundigt sich Max leise.

„Du hilfst mir gleich beim Feuermachen!"

„Wie in der Steinzeit!"

„Genau so. Nur dass wir Streichhölzer statt Flintsteinen benutzen."

Heiligabend, 19.00 Uhr

Das Feuer im Kamin brennt. Die verderblichen Lebensmittel sind auf dem Terrassentisch zwischengelagert. Die ganze Familie sitzt in der Küche und schnippelt Gemüse. Glücklicherweise hat Oliver bei der Einrichtung des Smart Homes einige Ecken im Keller und auf dem Speicher vorläufig in ihrem Urzustand belassen. Dort hat Karl den alten gusseisernen Bräter gefunden. Nun wartet dieser darauf, den improvisierten Eintopf aufzunehmen, der ohne Evas Hilfe aus allem, was man an Essbarem im Haus gefunden hat, zusammengeworfen wird. Max und

Nele haben ihren anfänglichen Widerstand gegen die Küchenarbeit aufgegeben, als Karl ihnen erklärt hat, dass sie gerade mitten in einem großen Abenteuer sind – fast so wie die Astronauten von Apollo Dreizehn, die mit Schläuchen, Klebebändern und einer Socke provisorische CO_2-Filter bauen mussten, um lebend zur Erde zurückzukommen. Max leuchtet sofort ein, dass die Situation durchaus vergleichbar ist.

„Einen ganzen Abend ohne Strom – und dann auch noch Heiligabend –, das ist das Krasseste, was ich je erlebt habe!", erklärt er mit einem Anflug von Abenteurerstolz und schnippelt die nächste Möhre im Schein der Öllampe…

Heiligabend, 20.00 Uhr

Im Kaminfeuer steht der Bräter und köchelt vor sich hin. Max und Nele kümmern sich unter Opas Aufsicht darum, Holz nachzulegen und Glut zusammenzuschieben. Unterdessen öffnet Gisela mit Tochter Melanie schon einmal eine Flasche Rotwein und die beiden stoßen auf Weihnachten an.

Nur Oliver verbreitet noch Ungemütlichkeit. Er geht an der Fenstertür auf und ab und versucht erneut, den Stromanbieter zu erreichen.

Als sein Handyakku endgültig aufgibt, flucht er leise und fordert dann ungeduldig: „Melanie, gib mir mal dein Handy. Das hat doch noch Strom!"

„Nee, das machst du jetzt nicht auch noch leer. Das ist für Notfälle reserviert!", bescheidet Melanie ihn. „Setz dich lieber zu uns!"

Oliver gibt sich geschlagen und lässt sich von seiner Frau ein Glas Rotwein einschenken.

Heiligabend, 21.00 Uhr

Der improvisierte Eintopf schmeckt erstaunlich gut und alle haben inzwischen so einen Hunger, dass sie ordentlich zulangen. Danach wird endlich beschert. Nele bekommt tatsächlich ihr neues Handy, legt es aber schnell desinteressiert beiseite, denn sie kann ja im Moment sowieso nichts damit anfangen. Max bekommt Fußballschuhe mit Stollen, die er gleich anzieht, und außerdem mehrere Videospiele, die er aber ebenfalls schnell desinteressiert beiseitelegt. Die Stimmung droht für einen Moment zu kippen, doch da verschwindet Gisela mit der Öllampe bewaffnet die Treppe hinauf zum Speicher. Kurz darauf kommt sie mit einem Stapel alter Brettspiele zurück.

„Brettspiele sind langweilig!", murrt Max.

Heiligabend, 22.00 Uhr

Max gewinnt mit einem triumphalen Siegeszug, bei dem er Olivers letzte Länder im Sturm erobert, die Risiko-Partie.

„Noch eine Runde!", fordert er begeistert.

Unterdessen ärgert sich Nele: „Im nächsten Zug hätte ich auch gewonnen. Voll unfair!"

Heiligabend, 23.00 Uhr

Die zweite Partie hat Nele für sich entschieden. Max kuschelt sich auf dem Sofa auf Mamas Schoß und schaut müde in die Flammen.

„Ich glaub, so lang war ich noch nie auf...", murmelt er und dämmert weg.

Nele legt noch einen Holzscheit nach und wendet sich an ihre Eltern: „Können wir das in Zukunft öfter machen? Ein echtes Feuer im Kamin?"

„Dann müssen wir ja jedes Mal den Bildschirm...", beginnt Oliver, doch Melanie unterbricht ihn: „Das ist eine schöne Idee, Maus! Das machen wir!"

Gisela und Karl prosten einander gut gelaunt mit ihren Weingläsern zu.

Heiligabend, 24.00 Uhr

Auch Nele ist auf dem Sofa eingeschlafen. Die Erwachsenen sitzen einträchtig beieinander und unterhalten sich leise.

„Das war wirklich noch ein schönes Weihnachtsfest", gibt Oliver zu.

„Obwohl es analog war?", stichelt Karl und erntet einen strafenden Blick von Gisela.

Melanie umarmt ihren Mann. „Vielleicht sollten wir das öfter mal machen. Die Bildschirme einfach auslassen."

„Ich erinnere dich dran, wenn wir wieder Strom haben!", grinst Oliver zurück.

Da deutet Gisela zur Fenstertür: „Schaut mal, es schneit!"

Die anderen folgen ihrem Blick. Tatsächlich tanzen dicke weiße Flocken durch die Luft und fallen sanft auf das Gras und den Rasenmähroboter, der wie eine große, elektrische Schildkröte an seiner Ladestation schlummert.

Erster Weihnachtstag, 6.45 Uhr

Gisela wacht unter dicken Decken im Gästebett auf und stellt fest, dass der Platz neben ihr zwar noch warm, aber leer ist. Also erhebt sie sich, zieht gegen die Kälte im Haus ihre Jacke über und geht leise die Treppe hinab. Bei einem Blick aus dem Fenster sieht sie, dass inzwischen der ganze Garten weiß gepudert ist. Im Erdgeschoss angekommen, hört sie aus dem Keller leise Geräusche, denen sie folgt. Sie schleicht am Hauptverteilerkasten vorbei und weiter in Karls alte Werkstatt. Dort erwischt sie ihn in flagranti, wie er gerade eine altmodische Keramiksicherung in einen ebenso altmodischen Blechkasten schraubt, der sich gut versteckt zwischen zwei vollgestopften Regalen befindet.

„Karl Josef Bachmann! Was tust du da?", erkundigt sie sich streng.

Ihr Mann wendet sich ertappt um. Dann erscheint ein unschuldiges Lächeln auf seinem Gesicht: „Ich dachte, ich drehe den Strom mal wieder rein, bevor Oliver noch das THW zu Hilfe ruft…"

Gisela schüttelt tadelnd den Kopf, doch es gelingt ihr nicht, dabei ernst zu bleiben.

„Du hast darauf gesetzt, dass er nichts von dem alten Sicherungskasten an der Hauptleitung weiß", stellt sie amüsiert fest.

„Du hast gesagt, wir brauchen ein Weihnachtswunder", kontert er verschmitzt. „Und du weißt doch, dass ich dir jeden Wunsch von den Lippen ablese."

Ein ganz neues Jahr

Dora Heldt

Jetzt haben wir es geschafft. Die Weihnachtskugeln, Girlanden, goldenen Schleifen und Kerzenhalter sind wieder im Keller, die letzten Tannennadeln im Staubsauger, der Bratentopf ganz hinten im Schrank und die Geschenke in der Wohnung verteilt, falls man sie nicht aufessen oder eincremen konnte. Der Abreißkalender ist noch ganz dick, man hat alle Familienmitglieder gesehen, gesprochen oder mit Karten beglückt.

Und darum können wir uns einen Moment zurücklehnen und die Augen schließen. Januar. Der Anfang vom neuen Jahr. Wir haben jetzt jede Menge Zeit, Dinge zu erledigen, die wir schon lange machen wollten. Den Schreibtisch aufräumen, den Kleiderschrank ausmisten, Sport treiben, alte Kontakte pflegen, öfter ins Theater gehen, mehr Bücher lesen, weniger Alkohol trinken, die Bügelwäsche nicht mehr ansammeln, die Küche streichen, die Versicherungsunterlagen ordentlich abheften, früher ins Bett gehen und das Auto von innen reinigen.

Je länger man die Augen schließt, desto mehr Dinge fallen einem ein. Und dann guckt man in den neuen Kalender. Lauter leere Seiten und ganz viel Platz für Ereignisse, die erst noch passieren werden. Und ich muss mich nicht beeilen, weil ich ja nun jede Menge Zeit habe. Ich kann auch erst im Februar zum Sport oder im März ins Theater oder ab April jeden Tag früh ins Bett gehen. Mich hetzt ja keiner. Alle diese Dinge werde ich bestimmt dieses Jahr machen. Irgendwann. Noch in diesem Jahr. Da bin ich mir sicher. Und weil es erst angefangen hat und noch so viele Monate, Wochen und Tage kommen, kann ich ganz entspannt noch einen Moment mit geschlossenen Augen vor mich hin denken. Und mir vorstellen, welche schönen Ereignisse, von denen ich noch gar nichts ahne, an welcher Stelle in diesem neuen Kalender erwähnt werden. Das sind doch gute Aussichten. Dann wünsche ich uns mal, dass es ganz viele schöne Termine in diesem Kalender geben wird und wir zu keinem Zeitpunkt in Hektik verfallen.

Ein fabelhaftes Jahr wünscht Ihnen
Ihre Dora Heldt

Was machst du an Silvester?

André Herrmann

„Was macht ihr eigentlich an Silvester?", fragte meine Mutter, während ich am Fenster stand und in das Schneegestöber starrte.

„Was macht ihr am 6. Januar?", fragte ich zurück.

„Häh?"

„Eben", sagte ich und ballte meine Hände zur Faust. Das durfte doch alles nicht wahr sein. Als ob es nichts Wichtigeres gäbe. Den verdammten Schnee zum Beispiel, die ausgefallenen Züge Richtung Leipzig, meine in der Waschmaschine auf die Hälfte geschrumpften Klamotten und so weiter.

Keine Ahnung, was ich Silvester machen sollte. Es war doch eh immer das Gleiche. Entweder man ging zu einer privaten Feier und schwieg sich beim Jenga-Spielen so lange an, bis es endlich Mitternacht war, oder man wagte sich in irgendeinen Club, auf dessen Tanzfläche es meist nicht mal eine Steckdose für den mitgebrachten Sandwichtoaster gab.

Ich wusste nicht, was mich mehr nervte. Diesen einen völlig überschätzten Tag des Jahreswechsels zu überstehen, an dem es absolut nichts zu feiern gab, oder dass man ab Juni dauernd gefragt wurde, was man denn an Silvester so mache.

Ich hatte keine Lust auf irgendjemanden, weder hier noch in Leipzig. Klar, ich könnte mit Maik auf der Couch sitzen und Sylvester Stallone zitieren. Oder ich könnte die Einladung der WG über mir annehmen, aber auch beim Gedanken daran verkrampfte sich mein Kopf. Denn spätestens an so einem Punkt offenbarte sich immer die schmerzliche Wahrheit, dass ich durch meine Querelen schon zwei Jahre älter als die meisten meiner Kommilitonen und Kommilitoninnen war. Und irgendwo in diesen zwei Jahren verlor man wohl das, was man brauchte, um so richtig Spaß an Weinflaschen für unter zwei Euro und fetzigem Twister-Spielen zu empfinden. Nein, vermutlich wäre es das Beste, so dachte ich, einfach um 22 Uhr schlafen zu gehen und dann nicht mehr aufzuwachen.

Draußen im Garten rannte mein Vater hin und her, schleppte einen Haufen Kabel von einer Seite zur anderen, dann wieder zurück, verknotete sie, zurrte sie wieder auseinander und winkte dann aufgeregt in unsere Richtung.

„Was hat er?", fragte ich. „Hat er noch nichts von WLAN gehört?"

„Wir sollen in die Garage kommen!", sagte meine Mutter und zerrte mich zur Haustür.

Was hatte mein Vater vor? Hatte ihn meine Mutter so oft gefragt, was er Silvester machen würde, bis er vollends den Verstand verloren und beschlossen hatte, die Blumenbeete ins Internet zu bringen?

„So", sagte mein Vater, als wir vor einem riesigen Schalter standen. „Na, wie sieht das aus?"

„Sieht ganz nach Versicherungsbetrug aus", murmelte ich.

„Ab heute ist das Haus der Familie Herrmann vollständig energie-autark", rief mein Vater begeistert. „Wärme aus der Erde, Strom von der Sonne und Wasser aus den Wolken!"

„Glückwunsch!", sagte ich. „Jetzt fehlt uns nur noch ein Krieg oder die Zombie-Apokalypse, damit wir das Ganze auch richtig genießen können!"

„Du wirst sehn!", rief mein Vater. „In fuffzn bis zwanzich Jahrn haben sich die Kosten vollkommen amortisiert."

„Soso", sagte ich, „ihr wollt mir also Schulden vererben! Na klasse!"

„Achtung!" Mein Vater legte den Schalter um. Einige Sekunden blieben wir still. Nichts passierte.

„Es funktioniert!", rief mein Vater begeistert.

„Das hätte ich mir echt krasser vorgestellt", sagte ich. „Man sieht ja gar nichts!"

„Wie toll!", rief meine Mutter und drückte meinem Vater einen Kuss auf die Wange.

„Richtig geil, Herr Herrmann!", hörte ich eine Stimme vom Garageneingang.

Maik, natürlich. Wobei er sich, dem Stirnband nach zu urteilen, das Spektakel wohl auch etwas anders vorgestellt hatte. Oder weil er mal wieder zu viele Filme mit Sylvester Stallone geschaut hatte, wer wusste das schon.

„Ey Maik!", rief ich.

„Keene Zeit, Aldr! Wir hamm zu tun!"

„Was gibt's?"

„Hast du dir schon überlegt, was du Silvester machen willst?"

„Fang nicht du auch noch so an!", mahnte ich.

„Ehrlich ma, wir müssen uns ein bissl beeilen, wenn wir noch rechtzeitig zum Klassentreffen wollen!"

„Wir wollen überhaupt nicht!", sagte ich.

„'s ernst!", rief Maik, während er einen riesigen Rucksack auf die Werkbank hievte und einen nicht enden wollenden Strom aus Superböllern auskippte.

Offensichtlich wusste er schon ganz genau, dass er Silvester in diesem Jahr in U-Haft verbringen wollte. Maik zog einige Fotos aus seiner Armeehose und hielt sie in die Höhe.

„Das", sagte Maik, „ist der Briefkasten vom Micha. Der muss weg!"

Maik hatte es dem Victory-Micha nie verziehen, dass dieser im letzten Jahr seinen Briefkasten zerlegt und dabei die limitierte Jahresendausgabe des Kronkorkensammler Magazins vernichtet hatte.

„Wieso gehst du nicht einfach vorbei, steckst ihm drei Böller rein und gut is'?", fragte ich.

„Weil's nich so einfach ist, mein Freund!", ereiferte sich Maik. „Der hat Sicherheitsvorkehrungen! Der kennt Tricks! So jemand wie Micha, der ist mit allen Wassern jewaschen! Der klebt seinen Briefkasten über Silvester eenfach zu, und dann stehste da!"

„Und jetzt willst du ihm stattdessen einfach alles um den Briefkasten drum herum wegsprengen, oder was?", fragte ich mit Blick auf die tausend Superböller, aber Maik beachtete mich gar nicht.

„Das is' richtig amtlich, was Sie hier mal wieder gebaut hamm, Herr Herrmann!"

„Danke!", sagte mein Vater stolz.

„Nein, nein und nochmals nein!", rief ich, als mir

klar wurde, worauf Maik hinauswollte, aber er hatte schon längst ein Papprohr aus seiner Tasche gezogen und grinste: „Stichwort Rohrbombe, Herr Herrmann, was mein' Se? Sie war'n doch an der Grenze!"

Das Gesicht meines Vaters hellte sich auf.

„Nein, nein, nein!", sagte ich noch mal.

Mein Vater griff das Papprohr und wog es prüfend in der Hand.

„Na ja", sagte er und überflog noch einmal die Briefkastenfotos, „könnte reichen! Aber…"

„Nein!", rief ich. Ich wusste, was für ein fanatischer Bastler mein Vater war. Und ich wusste, wie gern er es hatte, wenn es knallte oder irgendetwas mit Geräten zu tun hatte, die sonst nur der Mörder aus den SAW-Filmen benutzte. Einhändig und oberkörperfrei mit der ungesicherten Kreissäge Holz zerteilen, das war seine Welt.

„Was aber?", fragte Maik.

„Na ja, so ein Papprohr reicht schon. Aber…", er schlenderte zum Fahrrad meiner Mutter und tippte auf die dickste Stelle des Rahmens, „es geht ja auch um den psychologischen Effekt! Ein bisschen rumsen soll's ja schon."

Maiks Augen funkelten vor Glück. Aufgeregt begann er zu nicken.

„Na dann!", rief mein Vater voller Freude. „Frisch ans Werk!"

Zwei Stunden später hatten mein Vater und Maik zwei große Stücke aus dem Fahrradrahmen meiner Mutter herausgesägt. Draußen wurde es langsam dunkel. Zwar wusste ich nicht, wie mein Vater gedachte, meiner Mutter beizubringen, dass sie zum Wohle von Maiks Rachephantasien in Zukunft auf ihr Fahrrad würde verzichten müssen, aber na ja. Glücklich brachen die beiden Superböller um Superböller auseinander und sammelten das Schwarzpulver in einer riesigen Schüssel. Wie Vater und Sohn witzelten sie, als sie die Rohre zuerst an der einen Seite zusammenknickten, falteten, dann von innen mit Watte und Schwarzpulver füllten und schließlich die andere Seite fest verschlossen.

„So", sagte mein Vater, als er die fertigen Rohre auf die Werkbank legte und die Bohrmaschine zur Hand nahm, „jetzt nur noch die Lunte!"

„Hätte man das nicht lieber vorher machen sollen?", fragte ich.

„Das geht auch so", murmelte mein Vater. „Man muss nur ein bisschen vorsichtiger sein!"

„Wenn's schiefgeht, wissen wir wenigstens janz je-
nau, was wir Silvester machen", unkte Maik.

Mir wurde mulmig.

Vorsichtig setzte mein Vater die Bohrmaschine an
und bohrte jeweils ein Loch mitten in das Schwarz-
pulver-Watte-Gemisch, sodass jedem Sprengstoff-
experten Hören und Sehen vergangen wäre. Dann
befestigte er die Lunte. Als er fertig war, betrachtete
er stolz sein Werk.

„Das sollte reichen!"

„Geil!", rief Maik, der sich wahrscheinlich schon
ausmalte, wie er pünktlich um Mitternacht die ma-
terielle Existenz von Victory-Micha in Schutt und
Asche legen würde.

„Wie sieht's aus?", fragte mein Vater. „Wir hamm ja
zwee Exemplare. Wir könnten ja einen kleinen Test-
lauf machen?!"

„Wir könnten die Teile auch über einem beliebigen
Nachbarstaat abwerfen und den Dritten Weltkrieg
provozieren", rief ich. „Habt ihr sie noch alle?"

Maik zuckte mit den Schultern. „Was'n mit dem Feld
bei euch hinterm Haus? Der Strommast soll doch eh
weg, oder?"

Mein Vater klatschte fröhlich in die Hände. Dass

dieser Mann an der Grenze mal den Schießbefehl verweigert hatte, schien mir mittlerweile nur noch sehr schwer vorstellbar.

Zehn Minuten später hatten die beiden ein Loch am Fuße des riesigen Freileitungsmastes ausgehoben. Behutsam legte Maik eines der Rohre hinein und schaufelte Erde darüber, bis nur noch ein winziges Stück Lunte aus dem Boden ragte.

„Nein, nein, nein!", sagte ich noch mal. „So hat das bei der RAF sicher auch angefangen. Erst übertreibt man ein bisschen beim Briefkastensprengen und zack! brennt das erste Kaufhaus!"

„Jetzt hab dich ma nich so!", rief Maik und zog ein Feuerzeug aus seiner Tasche.

„Wehe!", sagte ich, aber Maik hatte die Lunte schon angesteckt.

„Lauft!", brüllte er, und wir rannten, so schnell wir konnten.

Nach zwei Minuten hinterm Gartentor wurden wir unruhig. Wie lang war die Lunte? Wie schnell brannte sie runter? Zwei weitere Minuten vergingen, aber nichts geschah. Kein Rauch, kein Knall, nichts.

„Das ist jetzt schlecht", versuchte es mein Vater diplomatisch auszudrücken.

„Schlecht?", rief ich. „Seid ihr bescheuert? Da liegt jetzt 'ne astreine Rohrbombe mitten auf dem Feld! Was meint ihr, was da losgeht, wenn da irgendwelche Wildschweine rumbuddeln!"

„Ich hasse Wildschweine!", rief Maik.

„Genau, die machen einem den ganzen Garten kaputt!", nickte mein Vater.

„Ihr habt sie doch nicht mehr alle!", rief ich.

Das war's dann also, dachte ich. Direkt hinter unserem Haus lag jetzt ein Blindgänger von unbekannter Stärke. Spätestens beim Abriss des Strommastes würden wir es mit dem FBI zu tun bekommen. Es sei denn, irgendeiner der Pilzesammler, die immer im Frühling die Wiese nach psychoaktiven Pilzen absuchten, würde aus Versehen drauftreten und den größten Trip seines Lebens auslösen.

„Aldr, wir können da jetzt eh nichts mehr machen, jetzt wo's schon wieder dunkel ist", versuchte Maik mich zu beschwichtigen.

Mein Vater stupste ihn an: „Ich hab mir zu Weihnachten 'ne neue Kreissäge gegönnt. Willste mal sehen?"

„Klar!", rief Maik.

In diesem Moment brach mitten auf dem Feld die Erde auf, begleitet von einem immensen Knall. Mit

einem grausamen Knacken riss der Fuß des Strommastes auseinander, ein Wildschwein flog in hohem
Bogen durch die Luft, und mit einem Mal war das
ganze Viertel in Dunkelheit gehüllt. Bis auf eine Aus-
nahme: Das Haus der Familie Herrmann erstrahlte
noch immer in voller Weihnachtspracht.

„Es funktioniert!", rief mein Vater begeistert. „Es
funktioniert!"

„Oha", sagte Maik, als er die monströse Rauchwolke
hinter unserem Haus betrachtete.

Überall schrien die Alarmanlagen, Hunde bellten
und Kinder weinten.

„Ich gloob, Antreh, heute haste keene Wahl, heute
musste mit zu'n Klassentreffen, allein schon wejen
dem Alibi!"

„Ihr seid so scheiße!", sagte ich und ging.

Das neue Jahr

Gitta Edelmann

Das neue Jahr steht vor der Tür.
Es klopft – was soll ich machen?
Es bringt in seinem großen Sack
gar wunderliche Sachen:

Ein Päckchen Krankheit ist dabei,
ich hoff', es ist recht klein,
ein Fläschchen Tränen bringt es auch,
wie könnt' es anders sein.

Vier Jahreszeiten, Sonnenschein,
dazu ein Päckchen Regen,
Geburtstag und manch andres Fest,
viel Freude, Gottes Segen.

Mein Herz pocht laut, die Spannung steigt,
wie wird die Zukunft sein?
Das neue Jahr steht vor der Tür,
ich öffne, lass es ein!

Quellen

Gitta Edelmann, Das neue Jahr,
© bei der Autorin

Hartmut El Kurdi, The Great Weihnachtsmann-Swindle,
© beim Autor

Albrecht Gralle, Der Weihnachtsmann im Schaukelstuhl,
aus: Barbara Mürmann (Hrsg.),
Weihnachtsgeschichten am Kamin 33,
© 2018, Rowohlt Verlag GmbH, Hamburg

Hagen Haas, Analoge Weihnachten,
© beim Autor

Dora Heldt, Ein ganz neues Jahr,
aus: Dora Heldt, Jetzt mal unter uns …,
© 2014, dtv Verlagsgesellschaft mbH & Co. KG, München,
S. 216 ff.; mit freundlicher Genehmigung von dtv Verlagsgesellschaft mbH & Co. KG

André Herrmann, Was machst du an Silvester?,
aus: André Herrmann, Klassenkampf,
© 2015 by Verlag Voland & Quist GmbH, Berlin und Dresden

Käthe Lachmann, Ach, Tannenbaum,
© bei der Autorin